Alois Berla

Ein russischer Beamter - Iwan Gorodin

Schauspiel in 3 Akten

Alois Berla

Ein russischer Beamter - Iwan Gorodin
Schauspiel in 3 Akten

ISBN/EAN: 9783743440098

Hergestellt in Europa, USA, Kanada, Australien, Japan

Cover: Foto ©ninafisch / pixelio.de

Manufactured and distributed by brebook publishing software (www.brebook.com)

Alois Berla

Ein russischer Beamter - Iwan Gorodin

Manuscript.

Ausschließlich durch die Deutsch-Oesterreichische Theater-Agentur, Berlin NW., Friedrichstr. 94, zu beziehen.

 **Alle Rechte vorbehalten.**

Ein russischer Beamter.

(Iwan Gorodin.)

Schauspiel in 3 Akten

von

Alois Berla.

Im Nationaltheater zu Berlin mit sensationellem Erfolg gegeben.

Für das .... Theater in ....

nur unter der Direktion ....

Honorar

Berlin 1878.

Druck von S. Jacoby, Poststraße 13.

Personen.

Peter Iwanowitsch Majewski, Kaufmann u. Armeelieferant.
Axinia, seine Tochter.
Wassilowitsch.
Frau Katschakowski.
Frau Pusteroff.
Demeter Korobkin, Militär-Intendant.
Wallikof.
Bogolin
Pristof } Handelsleute.
Gregorewitsch
Michael Korboff, Buchhalter.
Nastenka, seine Gattin.
Maria, deren Tochter.
Iwan Borodin, Schreiber im Kriegsministerium.
Feodor Prokoff, Komptoirist.
Dr. Weinhardt.
Wassil Dimitrowitsch, Krämer.
Anna
Fenischka } Diener.
Gregor
Ossip
Gäste. Dienerschaft.

Die Handlung ereignet sich in Petersburg und zwar: im 1. Akte zu Beginn des russisch-türkischen Feldzuges; zwischen dem 1. und 2. Akte der Zeitraum eines Jahres.

Anmerkung. Der Darsteller des Jwan wird ersucht, im ersten Theile des Stückes zuweilen eine Art von naiver Heiterkeit, welche dem Charakter des russischen Volkes eigen, zur Geltung zu bringen, im zweiten Akte das stumme Spiel, welches bei der Erzählung Feodors angedeutet ist, mit möglichster Plastik auszuarbeiten. Auch die übrigen Darsteller sind gebeten, wo es nur angeht, einen volksthümlichen Ton anzuschlagen, und in dem Momente der Entrüstung, welche Feodors Erzählung im 2. Akt hervorruft, durch Nichts beim Publikum den Irrthum zu wecken, daß sie von Jwans Verbrechen eine Ahnung haben könnten.

Der Verfasser.

1. Akt.

(Wohnstube im Parterre. Mittelthür, zwei Seitenthüren, ein Seitenfenster links, ein Fenster im Hintergrunde, mit der Aussicht nach der mit Schnee bedeckten Straße. Die Einrichtung ist altmodisch und abgenutzt. Im Vorgrunde rechts ein Schreibe=Bureau, daneben an der Wand eine Landkarte. Links ein Frauen=Arbeitstisch am Fenster, an der Wand des Hintergrundes alte verräucherte Heiligen=bilder.)

---

1. Scene.

Nastenka. Wassil.

Nastenka. Ihr mögt sagen, was Ihr wollt, Wassil Dimitrowitsch, ich kann Euren Vorwürfen nichts entgegnen als: wir haben kein Geld.

Wassil (gereizt.) Kein Geld, kein Geld! warum habt Ihr kein Geld? Jeder Mensch muß Geld haben, das habt Ihr damals begriffen, als Ihr von mir welches zu borgen kamt, begreift es also heute auch und borgt nochmals, um mich zu bezahlen.

Nastenka (kummervoll.) Ach, wie gern thät' ich es, nur um Euch zu beruhigen, aber ich weiß Niemand, der sich bereit finden ließe — —

Wassil. Bah, bah, bah! Euer Gatte — er war doch als Buchhalter eines großen Manufaktur=Geschäftes mit vielen Geldleuten im Verkehr — nun soll er mit diesen unter=handeln.

Nastenka. Seit das Geschäft in Folge des drohenden Krieges fallirte und mein Mann seine Stelle verlor, schenkt man ihm kein Vertrauen, keinen Kredit.

Waffil (höhnisch.) Ja, ja, so geht es! Hochmuth kommt vor dem Fall; Wie oft sagte mir Herr Korboff: „mein lieber Waffil Dimitrowitsch, Ihr seid ein Krämer, was versteht Ihr vom Handel; wenn Ihr Eure paar Kopeken eingesackt habt, macht Ihr eine Miene, als ob Ihr die Gold=Bergwerke im Ural gepachtet hättet!" Und dann wendete er mir lachend den Rücken. Aber wie steht es jetzt? Ich, der armselige Krämer bin noch heute trotz des Krieges ein aufrechter Handelsmann, Euer hochnasiger Buchführer jedoch, dem die Millionennullen durch die Finger liefen, wie mir die Erbsen, gleicht einem abgetakelten Schiffe, dem der Dampf ausgegangen ist; hahaha!

Nastenka. Ihr seid ein schadenfroher Mensch, der sich über das Unglück seines Nächsten freut!

Waffil. Ich? Hat sich was zu freuen! Ich jammere, ich klage um mein verlornes Geld und wenn Ihr mich nicht bald befriedigt, so klage ich auch bei Gericht. Daß Ihr's nur wißt; ja ich klage, ich klage bei Gericht!

Nastenka (ängstlich.) Habt doch noch eine kurze Zeit Geduld. Ich und Maria werden uns bemühen —

Waffil. Mich zu zahlen? Womit? Mit dem, was man Euch für die Anfertigung von Kinderjäckchen bezahlt oder mit dem Gehalt, den Eure Tochter als Ladenmamsell der Madame Xavier bezieht? Nun, da kann ich lange warten. Aber halt! Ihr habt ja auch Euren künftigen Schwiegersohn, den Iwan Gorodin, Schreiber im Departement des Militär=verpflegsamtes; ah, das ist der Rechte, der versteht sich auf's hungern und frieren,. der wird mich bezahlen, wenn er für seine großen Verdienste um den Staat mit einem Rathstitel und einem Zobelpelze belohnt worden ist, hahaha!

Nastenka (aufbrausend.) Waffil Dimitrowitsch! Ihr seid unser Gläubiger und ich kann's Euch nicht verwehren, daß Ihr kommt, Euer Geld zu fordern. Aber laßt es Euch gesagt sein, ich dulde nicht, daß Ihr uns verspottet, dazu habt Ihr kein Recht, und —

Waffil (ergänzt.) — somit geht Eurer Wege. Recht so; bis jetzt habe ich gescherzt, weil ich ein gutmüthiger Mensch bin, nun aber werde ich Ernst machen und Ihr sollt es sehr bald spüren, Nastenka, Petrowna Korboff, ja, ja, sehr bald! (Geht drohend d. d. Mitte ab.)

2. Scene.

Nastenka (allein.) Er geht im Aerger und wird uns nun auf alle Weise quälen. O, wie sind die Menschen boshaft und voll Tücke, wie demüthigen sie den Armen und treten ihn mit Füßen. (Setzt sich an den Arbeitstisch.)

3. Scene.

Vorige. Feodor (b. d. Mitte.)

Feodor (ein junger, hübscher Mensch im Reiseanzuge, hält in der Thür und ruft.) Mutter Korboff!

Nastenka. Wer ist —? (Wendet sich um und ruft froh.) Feodor, mein Söhnchen! Aber was tausend! Du siehst ja aus, als solltest Du auf Reisen gehen? Aha! kann mir's schon denken. Dein Chef, der Tuchhändler macht aus Dir einen — einen — wie nennen so Einen die Kaufleute? (Ihm entgegen gehend.)

Feodor. Geschäftsreisender, meint Ihr?

Nastenka (eifrig redend.) Ja, ja; das bist Du also geworden? Nun, freut mich, freut mich; obgleich ich bedauere, daß Du uns verlassen mußt, der Sohn unseres alten Freundes Prokoff war ja immer wie das Kind im Hause.

Feodor. Gute Mutter!

Nastenka. Ach, meinem Michael wird Deine Abreise sehr nahe gehen und erst Maria, ich wette, daß sie bittere Thränen weint, wenn sie hört, daß ihr Jugendgespiele fort will.

Feodor (mit wehmüthigen Tone.) O nein, nein; Maria weint nicht um mich; ja, wenn es Iwan wäre, der fort geht, aber ich —

Nastenka. Nun ja, Iwan liebt sie und sie will ihn heirathen — (seufzt) obwohl blutwenig Aussicht dazu ist. Der arme Iwan hat ja eigentlich gar keine Hoffnung, vorwärts zu kommen. — Aber sage mir, wohin reisest Du?

Feodor. Keine 20 Werst von Petersburg, nach Luga, wo das Regiment stationirt ist, bei welchem ich einzutreten habe.

Nastenka (überrascht.) Was? Du bist Soldat geworden?

Feodor. Ja, ich habe meine Militärpflicht zu erfüllen, mein Regiment geht nach der Donau.

Nastenka (ungemein alterirt.) O, Du armer Junge; Du armer Junge! ach verzeih', aber Dein Schicksal geht mir sehr zu Herzen! (Fängt zu weinen an.)

Feodor. Ach, Mütterchen, was thut Ihr? Ist es denn nicht die heiligste Pflicht eines jeden Russen, zu gehorchen, wenn der Czar befiehlt?

Nastenka (weinend.) Ja, ja, aber es ist doch schrecklich. Wenn ich die Gefahren bedenke, denen Du entgegen gehst — es ist schrecklich, schrecklich! —

Feodor. Beruhigt Euch, — Vater Korboff kommt! (Weist nach der Thür rechts, die eben geöffnet wurde.)

4. Scene.

Vorige. Korboff (von Seite rechts.)

Korboff, (ein Mann in den Fünfzigern, mit einem von einzelnen Haaren bedeckten Kahlkopf; trägt einen defecten, kurzschößigen Schlafrock, mit einem Tuch um die Mitte zusammengehalten und hat ein Zeitungsblatt in den Händen; für sich eifrig sprechend) Ja, das muß geschehen, — es ist eine **politische und merkantilische Nothwendigkeit**: wir zertrümmern die Türkei, beunruhigen Oesterreich, zugleich aber stürmen wir mit Macht auf Indien los, um England im Schach zu halten. Wie wär's, wenn wir – – (Tritt zur Landkarte an der Wand und beginnt mit dem Finger gewisse Linien zu verfolgen.)

Nastenka (ruft.) Michael! (Zu Feodor.) Er hört nicht —! Wenn er politisch wird, vergißt er unser Elend!

Korboff. Der Suezkanal, ach der Suezkanal! Was könnte aus unserm Handel werden, wenn wir Herren dieser Wasserstraße würden! (Entschieden.) Wir müssen Egypten erobern, wir müssen die Engländer im Kanal ersäufen!

Nastenka (ruft.) Michael, so höre doch —

Korboff (sich halb wendend.) Du hier, mein Täubchen, was willst Du?

Nastenka. Zieh' vorher gefälligst Deinen Finger aus Egypten zurück, eh' ich weiter rede.

Korboff (verwirrt.) Was für einen Fin —? (Bemerkt, daß der Finger fest auf einem Punkte der Landkarte haftet; lächelnd.)

Ach ja, Du haſt Recht, ſo weit ſind wir leider noch lange nicht! Indeſſen, nur ruhig, nur ruhig! dieſer Finger iſt der Theil einer ruſſiſchen Hand und was die ruſſiſche Hand ein= mal erfaßt, das hält ſie feſt. (Zähneknirſchend.) Das hält ſie feſt, das ſoll ihr keine Macht der Erde entreißen.

Naſtenka. Nun Alter, dann ſtrecke nur raſch Deine „ruſſiſche" Hand aus und halte unſern armen Feodor feſt, damit er nicht fortgeht.

Korboff (der jetzt erſt Feodor bemerkt.) Ei, Feodor! Und im Reiſekleid? Ja — wohin gehſt Du? (Tritt an Naſtenka vor= über zu Feodor.)

Feodor. Nach Luga, Vater Korboff!

Naſtenka. Ach was, Luga, in den Krieg muß er!

Korboff. Wie? Feodor, Du biſt — ?

Feodor. Soldat, ja Vater Korboff!

Korboff (ſchmerzlich betroffen.) Soldat? ein ſo tüchtiger Comptoiriſt, hatte ſo glänzende Ausſichten, konnte vermöge ſeiner Kenntniſſe große Carrière machen und nun Soldat — oh!

Naſtenka. Ja, dieſer unglückſelige Krieg! Wieviel Familienglück hat er nun ſchon zerſtört und ich ſage, er wird Rußland auch zu Grunde richten, er wird es!

Feodor (erregt.) Nein, Mütterchen, das wird er nicht. Er wird das Vaterland groß und mächtig werden laſſen, das heilige Rußland wird ſeine Grenzen über Berge und Meere ausdehnen, unſerem Handel neue Abſatzgebiete er= ſchließen und eine glanzvolle Aera des Wohlſtandes wird die Wunden heilen, die der Krieg uns geſchlagen!

Korboff (begeiſtert.) Brav, mein Sohn, bravo! Du haſt recht, unſerm Handel wird der Krieg nützen, unſerm Handel, und das iſt die Hauptſache, darum hoch der Krieg!

Naſtenka. Ja, ſo ſeid Ihr Männer! immer blickt Ihr nach dem Roſenlichte der Zukunft und laſſet Euch von dieſem blenden, wir Frauen aber, deren Blick auf das Nächſte ge= richtet iſt, wir ſchaudern zurück vor dem Elende der Gegenwart!

Korboff. (iſt nun ganz beſtürzt und ſagt mit dem Tone des Verzagens.) Leider muß ich nun Dir beiſtimmen, liebe Naſtenka! Ach Feodor, unſere Lage iſt fürchterlich; ſeit drei Monaten bin ich ohne Anſtellung und kann nirgends unter= kommen, während Weib und Tochter Tag und Nacht ſich die Finger wund nähen, um, was wir brauchen, nothdürftig zu erwerben. Und ich kann nichts thun, nichts finden! ich bin ein Müßiggänger, ein Herumtreiber und es wäre das Beste, mich in die Newa zu stürzen, anstatt . . .

Nastenka (erschrocken sich an ihn schmiegend.) Michael, welche gottlose Gedanken!

Feodor. Könnt denn Ihr dafür, Vater Korboff, daß Ihr Eure Stelle verloren und würdet Ihr Euch nicht heute noch der mühevollsten Arbeit unterziehen, wenn sich eine solche fände?

Korboff. (rasch.) O gewiß, ich wünsche nichts anderes!

Feodor. Vater Korboff, ich meine, Ihr sollt heute noch einmal nach dem Club der Kaufleute gehen, da eine große Zahl militärpflichtiger Männer einberufen wurde, so sind gewiß mehrere Stellen vakant geworden, und vielleicht glückt's Euch, eine von diesen zu erhalten. Und wartet, es fällt mir ein, daß auch auf userm Comtoir — ich will nur gleich — Vater Korboff, ich komme nochmals hieher, muß mich ja auch von Maria verabschieden — (Sehr eilig.) Für jetzt, auf Wiedersehen! (b. d. Mitte ab.)

5. Scene.

Vorige ohne Feodor.

Korboff. Der gute Junge, noch im letzten Augenblicke seines Hierseins denkt er daran, uns nützlich zu sein!

Nastenka. Ein treffliches Herz! wenn er aber nichts für Dich findet?

Korboff. Dann auf, nach dem Club; laß uns das Beste hoffen, Nastenka und gieb mir auch einen Kuß, der mir Glück bringen soll!

Nastenka. Meinst Du? Nun, da! (Sie küssen sich.)

6. Scene.

Vorige. Iwan (b. d. Mitte.)

Iwan (ein junger Mann mit blassem, verkümmertem Gesichte; seine wirren Haare deckt eine alte Pelzmütze; er trägt einen abgenützten, fadenscheinigen Amtsuniformrock, welcher ihn beengt und dessen Aermel zu kurz sind. Auf der Schwelle haltend, ruft er lustig.) Ah, hahaha!

Das ist die einfachste und billigste Weise sich zu erwärmen, wenn einem Holz und Kohlen mangeln! Leider kann ich nichts davon abkriegen und muß weiter frieren! (Die Hände unter die Schultern schlagend und sie abwechselnd reibend.) 's ist heute eine wahrhaft sibirische Kälte. Sieh' einmal Vater Korboff, ist meine Nase weiß?

Korboff (welcher ihn besorgt anblickt.) Weiß? Nein, sie ist bläulich!

Iwan. Sie blüht also wie ein Veilchen? Nun, dem Himmel sei Dank, daß sie mir nicht erfroren ist, obschon das Unglück für mich gar nicht so furchtbar wäre, denn mein Chef würde schon dafür sorgen, daß ich bald wieder eine Nase bekäme, hahaha! Aber wo ist Maria?

Nastenka. Wo anders als im Magazin von Madame Xavier, sie haben dort alle Hände voll zu thun, um den Trousseau für die Tochter des Fürsten Taschkoff fertig zu bringen, welche der General Martineff heirathen wird.

Iwan. Ach ja, ich erinnere mich! Nun, das Magazin von Madame Xavier braucht sich eben nicht zu beeilen, denn jetzt, wo der General plötzlich abberufen wurde, um im schöneren Jenseits eine Abtheilung himmlischer Heerschaaren zu commandiren, dürfte ihm wenig mehr daran gelegen sein, die irdischen Freuden des Ehestandes durchzukosten.

Korboff. Was meinst Du damit, Iwan?

Iwan. Nun kurz gesagt, der General Martineff ist in einem Gefechte vor Ardahan gefallen. Heute Nachmittag kam die telegrafische Nachricht zu uns in's Kriegsministerium.

Nastenka. Ach mein Himmel, die arme Braut!

Korboff. Schrecklich!

Iwan. Was ist daran schrecklich? Haben wir Russen es zuwege gebracht, daß Tausende von Christen im Oriente aufgestanden sind, warum sollen nicht auch Tausende fallen und warum soll gerade dieser General Martineff davon ausgenommen sein? Indeß ist er mit Auszeichnung gefallen, eine feindliche Kugel riß ihm den Kopf weg, während einige seiner Kameraden auch ohne Kugel den Kopf verloren haben sollen.

Nastenka (die sich noch immer nicht beruhigen kann.) Die arme Braut! Nun, vielleicht wird die Unglücksnachricht widerrufen.

Iwan. Da irrst Du Dich, Mütterchen. Wer ein=

mal beim Kriegsministerium als todt gemeldet ist, kommt auf die Liste der Gefallenen und hat todt zu bleiben, denn Ordnung ist die Hauptsache. Doch was ich fragen wollte: Mütterchen, sei nicht böse — aber hast Du nicht eine Krume Brod für mich im Hause?

Nastenka. Du hungerst, armer Iwan? Und warum? Weil Du Dein Bischen Gehalt mit uns theilst, der kaum hin= reicht eine Suppe zu kochen; ach, wie unglücklich bin ich, Dir gestehen zu müssen, daß gar nichts Eßbares im Hause ist und wenn Maria keinen Vorschuß von Madame bekommt, so weiß ich nicht, was geschehen soll!

Iwan. Schon so weit! Ach!

Korboff. Mein, mein Gott! ich will nun gleich nach dem Club gehen. (trippelt hin und her.)

Iwan. Na, na, verzeiht, daß ich Euch beunruhigt habe; ich bin nicht so hungrig, als es den Anschein hat. Es ist auch eigentlich gar kein Hunger, sondern vielmehr eine Nervosität des Magens, an der fast alle subalternen Be= amten in Rußland laboriren und welche nur durch fortgesetz= tes Avancement geheilt wird.

Korboff. Ach, der arme Junge. —

Iwan. — macht schlechte Witze willst Du sagen, Väter= chen? Nun immer besser, man macht schlechte Witze, als schlechte Streiche — (sich in Gedanken verlierend) und wenn ich bedenke, daß —

Korboff. Was, mein Sohn?

Iwan. (kopfschüttelnd) Nichts, nichts; aber wolltet Ihr nicht nochmals nach dem Club gehen?

Korboff. Ja, es ist wahr; ich will mich sogleich fertig machen! (geht nach der Seitenthüre rechts.)

Nastenka. Warte Alter, ich werde Dir behilflich sein! Du bleibst doch bei uns, Iwan?

Iwan. Gewiß, ich warte auf Maria!

Nastenka. Gleich sind wir wieder hier. Und was ich Dir schon vorher sagen wollte: weißt Du, daß Feodor Prokoff Soldat werden mußte und in den Krieg zieht?

Iwan; (gleichgiltig.) Feodor Prokoff, der kleine ge= schniegelte Comptoirist? Ach!

Korboff. Ja, er zieht in den Krieg gegen die Türken!

Iwan. Ich fürchte sehr, daß ihm die Türken wenig Zeit lassen werden, Toilette zu machen, haha!

Nastenka. Geh, Iwan, Du solltest doch nicht gleichgiltig gegen den armen Feodor sein, wir lieben ihn so sehr!

Iwan. Nun, dann bedarf er ja meiner Liebe nicht!

Korboff. Auch unsere Tochter ist ihm sehr zugethan.

Iwan (mit einer Grimasse.) 's ist ja der Jugendfreund, sie haben zusammen im Sande gespielt! — 's ist wohl der einzige Luxus, den sich Maria erlauben darf!

Nastenka (wehmüthig.) Ach nein, nicht Luxus; ein Bedürfniß ist die Freundschaft für alle Jene, welche sich vor der Noth fürchten müssen, wie das Kind vor einem Gespenste. (Wendet sich zum Gehen.)

Korboff. Sprich nicht davon Nastenka! Laß uns lieber versuchen, ob wir dem Gespenste nicht entrinnen können. Komm, komm! (Beide ab nach rechts.)

7. Scene.

Iwan (allein den Beiden nachblickend.) Sie fürchten sich vor der Noth, wie Kinder vor einem Gespenste; aber die Noth ist ja gar kein Gespenst, sie lebt leibhaftig unter uns, setzt sich mit uns zu Tische, legt sich mit uns zu Bette und spielt mit den Kindern wie irgend eine gute Alte, die zur Familie gehört; auch sieht sie gar nicht so übel aus, im Gegentheile, sie hat einen drallen, feisten Körper, denn in ihm kreist ja das warme, frische, kräftige Blut ihrer Opfer — (gegen die Abgegangenen gewendet) auch das Eurige und das Eurer Tochter! (sieht sinnend vor sich, dann spricht er weiter.) — — Nun aber sag' mir einmal, guter Iwan Gorodin, was thun? Was soll nun werden? Du hörst, es geht mit Denen zu Ende, und Du? Ha, da war noch nie ein rechter Anfang. Wenn die verdammte Ehrlichkeit nicht wäre — — aus allen Knopflöchern (besieht sein Kleid) guckt sie Dir heraus! (geht zu dem an der Wand hängenden Spiegel) Haha, diese blassen Wangen, man könnte meinen, es sei die Hungerphysiognomie — Unsinn! ich weiß es besser — die Ehrlichkeit grinst mich an. Du siehst recht verführerisch aus, das muß ich sagen! — Ach, das hundsföttische Leben! Könnte ich nur da — (deutet auf's Herz) da drüber hinweg! Da sitzt's! Lauter Grundsätze, — gute — dumme;

Rechtlichkeit, Tüchtigkeit, Arbeit, Pflichttreue und wie der Schnick=
schnack sonst sich nennt — ah — — — aber Jwan, guter,
lieber Jwan, besinne Dich doch! Erweitere Deinen Blick; ist
es denn gar so schwer: die Hand auf — und die Augen zuzu=
machen? Versuch's doch einmal! (markirt es) Siehst Du? — —
Nun legt Dir irgend Einer ein Säckchen voll klingender Rubel
hinein, so — nun machst Du die Hand zu, steckst sie in die
Tasche — so — und nun machst Du die Augen auf —
(besieht seine Hand) die Hand ist rein, kein Fleck — ganz wie
früher, aber da — (schlägt auf die Tasche) klingelts — blankes
Geld — Rubel, Du kannst Dir helfen, den Deinen hel=
fen, und alle Noth hat ein Ende. (Sieht in den Spiegel)
Teufel, ich bin roth geworden! Nun tröste Dich, mit
der Zeit verlernt sich das — freilich die Augen werde ich
dann niederschlagen müssen, sie werden an der Erde hinkriechen
und nur ganz verstohlen nach einem Bischen Glück und Frieden
aufwärts zu schauen wagen! — — Haha, da haben wir's!
Der Hunger spricht aus mir, der standhafte Hunger! Iß Dich
einmal satt mit den Deinen, guter Jwan und mit vollem
Magen wirst Du anders denken. — Hol' der Teufel alle die
Scrupel, die mir wie Scorpione im Nacken sitzen; hier habe
ich es in Händen, das Glück, (zieht eine Enveloppe aus der Tasche)
und ich will's fassen, festhalten, es ist mein Schicksal — (die
Mittelthür wird geöffnet) Ha! — (steckt die Enveloppe hastig in die
Tasche und blickt nach der Thür.)

8. Scene.

Vorige. Maria (d. d. Mitte.)

Maria (überaus einfach, aber mit Geschmack gekleidet, ruft
freudig) Jwan! (will auf ihn zu.)

Jwan. Maria!

Maria. Du schon hier? ach, das ist herrlich! Grüß'
Dich Gott, mein guter Jwan! Weißt Du, daß ich mich eben
nach Dir gesehnt habe, wie — wie —

Jwan. Wie die Blume nach einem Sonnenstrahl.

Maria (heiter.) Ei wie poetisch! Ich bin die Blume —
Du der Sonnenstrahl! Aber mein verehrter Herr Sonnenstrahl,
Sie haben Ihre Cravatte ganz verschoben! (richtet ihm die Cra=
vatte) Schickt sich das für einen so glänzenden Kavalier? Hahaha!

Iwan. Du bist guter Laune.

Maria. Gewiß — siehst Du jetzt nicht ganz schmuck aus? Ist Deine Uniform nicht ein Meisterstück meiner Hand, du Spötter? Ich kann stolz darauf sein.

Iwan. Freilich Herzchen. Ich weiß gar wohl, meine Toilette muß zusammengehalten werden, sonst fällt sie aus einander.

Maria. Ich sage Dir, Iwan, Du siehst beinah so prächtig aus wie Dein Chef, der Herr Intendant Korobkin —

Iwan. Ha!

Maria. Und wenn es erst einmal heißt: Herr Intendant Iwan Gorodin —

Iwan. Dann hängen wir die Uniform in den Schrank —

Maria. Zur ewigen Erinnerung an meine Nähnadel ha! ha! ha!

Iwan. Du lachst? Du bist ja ungemein heiter!

Maria. Weil ich Dich lieb habe, ist das kein Glück?

Iwan. Gewiß, wenn man einen subalternen Schreiber zum Geliebten hat!

Maria. Ach was; wenn Du nur immer mein braver lieber Iwan bleibst.

Iwan. Und subaltern bis in das höchste Alter! hahaha!

Maria (verstimmt.) Ach, Du spielst auf unsere Verhältnisse an, das verscheucht freilich meine Heiterkeit — [sagt besorgt] Wo sind die Eltern?

Iwan. Im Nebenzimmer.

Maria (seufzt.) Oh!

Iwan (besorgt.) Nun, was hast Du plötzlich?

Maria. Angst vor dem Augenblicke, wo sie kommen und erfahren —

Iwan. Was? Maria, was?

Maria. Daß ich meinen Platz im Magazin verloren habe; Madame Xavier hat mich entlassen.

Iwan. Entlassen? Warum?

Maria. Ein junger Laffe, der Sohn der Gräfin Lubensky, einer Kundin von Madame, der mich schon seit einiger Zeit durch seine Aufmerksamkeiten behelligte, wagte es, als er heute, vorgeblich im Auftrage seiner gnädigen Mama, in's Magazin kam, eine Spitzengarnitur zu kaufen, mir eine Liebeserklärung zuzuflüstern; ich wies ihn ab, als ich aber später bei Madame über des Grafen Zudringlichkeit klagte, was erwiderte sie mir? „Ma chère, die jetzige Zeit ist Leuten von unserem Geschäfte ohnehin nicht günstig, und es fehlt nur noch, daß wir die gnädigen Scherze unserer wenigen Kunden mit beleidigender Prüderie als Ernst nehmen und zurückweisen. Um jedoch Ihre Tugend keinen weiteren Gefahren auszusetzen, ziehe ich es vor, von Ihren Talenten keinen Gebrauch mehr zu machen und danke für Ihre bisherigen Dienste in meinem Magazin!"

Iwan (lacht bitter.) Hahaha!

Maria. Iwan, Du lachst?

Iwan. Soll man sich nicht freuen, wenn man hört, wie die Tugend belohnt wird? Das ist doch noch Freude!

Maria (trostlos.) Ach Gott, was werden meine armen Eltern sagen, wenn sie von unserem neuen Unglücke hören?

Iwan. A bah, Unglück!

Maria. Aber Iwan, bedenke doch, es war unser letztes Mittel, nicht ganz elend zu werden.

Iwan. Ja, Ihr füttert den Drachen, damit er Euch nicht verschlinge! (mit gewaltigem Ausdruck) Schlagt den Drachen todt!

Maria. Iwan, was sprichst Du? Ich begreife Dich nicht!

Iwan. Und ich begreife Euch Menschen nicht, welche all ihren Muth, alle ihre Kraft blos dazu anwenden, Lasten zu tragen, von denen sie eines Tages doch zu Boden gedrückt werden; ei, so habt doch einmal den Muth, Eure Kraft gegen das Geschick zu gebrauchen, welches Euch die Lasten aufbürdet.

Maria (trüblächelnd.) Mein guter Iwan, thust Du selbst, was Du von uns forderst?

Iwan. Nur Geduld, mein Liebchen; Hühner bekommen keine Zähne, Menschen aber, Menschen zeigen oft erstaunliche Fähigkeiten. Sage mir Maria, liebst Du mich wirklich?

Maria (einfach.) Du weißt es ja.

Iwan. Und wärst Du aus Liebe zu mir bereit, ein Opfer zu bringen?

Maria. Ich bringe jedes Opfer, sobald ich überzeugt bin, daß es Dich glücklich macht!

Iwan (blickt sie innig an und wiederholt.) Ich bringe jedes

Opfer, sobald ich überzeugt bin, daß es Dich glücklich macht! [mit freudigem Entschlusse] Nun, Maria, auch ich bin bereit, Deinem Glücke jedes Opfer zu bringen!

Maria. O mein Iwan! [sie umarmen sich.]

9. Scene.

Vorige. Korboff [mit Hut und Stock von rechts.] Nastenka folgt. Zu gleicher Zeit tritt Feodor durch die Mitte ein.

Feodor. [schon beim Eintreten gegen Korboff rufend.] Ach, Vater Korboff, ich bringe keine frohe Botschaft; die Stelle, welche ich Euch zugedacht, ist schon besetzt.

Nastenka. O Gott!

Korboff. Thut nichts, mein Sohn, ich bin bereit, in den Club zu gehen und hoffentlich —

Feodor. Auch dort war ich und erfuhr, daß nichts zu hoffen ist!

Korboff [mit dumpfen Tone.] Nichts! [faßt wie schwankend Nastenkas Arm.]

Iwan [mit ironischer Heiterkeit.] Und damit Ihr ja nicht übermüthig werdet, hat es sich auch gefügt, daß Maria ihren Platz verlieren mußte.

Nastenka [entsetzt.] Was sagst Du? Maria, ist es wahr, daß —?

Maria [traurig.] Ja, Mutter, Madame Xavier hat mich heute entlassen.

Nastenka [schmerzvoll.] Oh!   ⎫
Korboff. Welches Unglück!   ⎬ fast zugleich.
Theodor. Arme Maria! [eilt zu ihr.]   ⎭

Iwan [tritt dazwischen und Feodor mit der Hand zurückweisend sagt er.] Laß nur, mein Junge! [sarkastisch] Zieh' Du muthvoll in's Feld, den äußeren Feind zu bekämpfen, den inneren Feind nehme ich auf's Korn! Beruhigt Euch, meine Lieben, Eure Lage ist nicht so schlimm, als Ihr meint. Ich werde meinen Einfluß geltend machen.

Nastenka. Du?   ⎫
Korboff. Der ist verrückt geworden!   ⎬ gleichzeitig.
Maria. Du?   ⎪
Feodor. Er?   ⎭

Iwan. Staunt Ihr mich an? Mütterchen, Du betrach=

testet mich von unten bis oben, haſt Du Dir auch den Kopf genau angeſehen? Mein Rock allerdings, der ſieht wohl nicht ſehr einflußreich aus, eher offenherzig, wenn ihn Maria nicht flickt, aber hier, hier [auf die Stirne deutend] ſitzt der Gedanke! — Wißt Ihr, wie man es macht, wenn man in's freie Land will und eine Mauer ſtellt ſich hemmend entgegen? Rennt man etwa mit dem Kopfe gegen die Mauer? Nein, man erklettert ſie! Ich ſtelle den Fuß in einen Riß, der Stein bröckelt ab, — ein zweiter Schritt — wieder fallen Steine, ich aber klimme höher und höher, denn in dem morſchen, verwitterten Mauer=werk giebt es allerlei Schäden, die man klug benützen kann, endlich bin ich oben, ein Satz! und vor mir breitet ſich das weite ſonnige Gefilde aus, allwo ſich's behaglich in Luſt und Freude leben läßt! Alſo wartet, bis ich oben bin, Ihr braucht mir dann nicht nachzuklettern; nein, Ihr ſchlagt die breite, bequeme Fahrſtraße ein und damit Ihr das könnt, habt ein Weilchen Geduld! aber ſeht mich nicht an, betrachtet mich nicht, das macht mich verwirrt — ich brauche alle Kraft, die Spur nicht zu verlieren, nicht rechts, nicht links darf ich ſchauen, ſcharf muß ich das Ziel im Auge behalten, ſonſt iſt's gefehlt —

Maria [unruhig.] Iwan, was haſt Du?

Iwan. Nichts, nichts, ſei nur ruhig — das ſind ſo Gedanken, die mir durch's Hirn ſchwirren wie die Mücken - habt nur ein wenig Geduld — auf Wiederſehen —

Maria [auf ihn zu.] Iwan!

Iwan [reißt ſich los.] Es iſt beſchloſſen — Lebt wohl! [ab.]

(Zwiſchenvorhang.)

Verwandlung.

(Glänzend geſchmückter und beleuchteter Salon im Hauſe Majewsky. Links, rechts und in der Mitte offene Ein=gänge mit Portièren aus koſtbaren Türkiſchen Shawls.)

1. Scene.

(Man hört von den angrenzenden Salons her die ge=dämpften Klänge eines Orcheſters und ſieht eine Menge von Herren und Damen in europäischer Balltoilette, aber auch in den Trachten der zu Rußland gehörigen Völkerschaften.)

Majewsky mit Pristof, Gogolin, Gregorewitsch (von der Seite rechts.)

Majewsky [ein schlaublickender, glattrasirter Mann von einigen fünfzig Jahren, der wohlgenährt aussieht und eine gewisse Nonchalance seinen Gästen gegenüber zur Schau trägt.) Laßt nur mich machen, meine Herren; es ist selbstverständlich, daß ich eben so sicher als vorsichtig zu Werke gehe. Ihr habt nur darauf zu achten, daß ich stets in der Lage bin, die mit der Regierung geschlossenen Lieferungsverträge pünktlich einzuhalten.

Die Drei. Wir werden Alles thun — unser Möglichstes — Peter Iwanowitsch!

Majewsky (einen herablassend vertraulichen Ton anschlagend.) Uebrigens muß ich Euch ermahnen, schickt mir nicht so überaus schlechte Waare. Eure Tuch- und Ledersorten müssen eine Verarbeitung ertragen können, der Uniformrock muß doch zusammengeheftet, die Reiterstiefel besohlt werden, die Ausrüstung für das Auge gefertigt sein, wenn auch nicht für den Körper. Ihr, mein lieber Gregorewitsch, seid mir schon gar der Rechte! Ihr verspracht für hunderttausend Rubel Fleischconserven der feinsten Sorte zu liefern und es finden sich in vielen Büchsen eingepökelte Ochsenklauen; nun, wenn auch der Magen unserer tapferen Soldaten die heterogensten Dinge verarbeitet, zur Leimfabrik dürfte er sich denn doch nicht eignen.

Gregorewitsch (stellt sich erstaunt und entrüstet.) Es ist nicht möglich, oder meine Leute haben mir da einen Streich gespielt, ach, was doch die Meuschen unredlich sind — na, ich werde die Spitzbuben gehörig hernehmen.

Majewsky. Thut, was Ihr könnt, und laßt es Euch gesagt sein: wenn man Geschäfte macht, ist Coulance die Hauptsache, dadurch erwirbt man sich Vertrauen und erleichtert denen, welche Einem beistehen, die Ausübung ihrer Amtspflicht. Darum Coulance, meine Herren, Coulance! (Blickt nach dem Hintergrunde, wo eben Azinia, umgeben von einigen älteren Damen und jüngeren Herren in großer Toilette auftritt.) Ah, mein Töchterchen!

2. Scene.

Vorige. Axinia. Herren und Damen, Wassilowitsch.

Majewsky (sich zu Axinia begebend.) Nun, mein Püppchen, wie amüsirst Du Dich bei dem heutigen Feste, welches ich zu Ehren Deines Namenstages veranstaltet habe?

Axinia (mit ennuirtem Ton.) Ach, Papa, ich langweile mich fürchterlich, die Herren wiederholen ihre Galanterien vom vorigen Jahre und machen mir mit denselben Worten wie damals den Hof.

Damen (lachend.) Ah, sehr pikant, sehr geistvoll bemerkt, hahaha!

Frau Katschakowsky (alt und geziert; — zu den anderen Damen.) Die Kleine ist zu reizend, zu reizend — hat so viel Witz — ah!

Frau Pusteroff [dick und kategorisch.] Ein Satan, sag' ich, ein veritabler Satan, sag' ich!

Axinia. Papa, ich möchte Eis essen. [Hat sich rechts auf ein Sitzmöbel niedergelassen.]

Wassilowitsch [hastig.] Erlauben Sie, Fräulein, sogleich! [Eilt ab.]

Axinia. Ach, wie meine Lippen brennen, die Damen haben die unangenehme Art, Einem immerfort Küsse aufzudrücken.

Herren. Ah, — höchst amüsant, welch' treffende Bemerkung, sehr gut!

Wassilowitsch [eilt mit Eis herbei.] Hier, mein Fräulein!

Axinia [nimmt mit dem Löffel vom Eise, Wassilowitsch präsentirt es ihr.] Herr Wassilowitsch, Sie sehen jetzt aus wie ein Aufwärter!

Damen u. Herren [lachend, Beifall klatschend.] Hahaha, — superbe — wahrhaftig — hahaha —

Axinia. [wirft den Löffel weg und steht auf.] Papa, ich möchte Bonbons essen!

Wassilowitsch. Bonbons, gleich bringe ich Bonbons! [Läuft ab.]

Majewsky. Aber, mein Herzchen, Du scheinst heute schlecht gelaunt, fehlt Dir vielleicht etwas?

Axinia. Nichts! aber, das Kleid ist so schlecht ge=

macht — es kneipt und drückt mich; meine Bonne sieht viel besser aus, als ich — das schickt sich nicht für sie —

Majewsky. Ich werde es ihr verbieten, Du hast Recht.

Axinia. Dann hat sie mich auch so furchtbar fest geschnürt, damit ich ohnmächtig werden soll.

Majewsky. Mein Liebling!

Wassilowitsch [kommt zurück und bringt Zuckerwerk auf einem Silberteller.] Bitte, Fräulein Axinia!

Axinia [stopft sich Bonbons in den Mund.]

Majewsky [zu den Damen] Das arme Kind, es ist so nervös!

Die Damen. Sie ist so zart —

Frau Katschakowsky. Sie ist zu reizend, zu reizend!

Frau Pusteroff. Ein Engel, sag' ich, ein veritabler Engel!

Majewsky. Sagen Sie das nicht, ich weiß, daß die Bildung meines Töchterchens noch nicht ganz vollendet ist, aber dies ist die Schuld ihrer Mutter, welche gleich nach Axiniens Geburt starb und mir die ganze Sorge überließ, ich bitte Sie, ich ein Geschäftsmensch, habe ich Zeit, Kinder zu erziehen?

Die Damen. Nein — o, nein!

Majewsky. Ich habe keine Zeit Kinder zu erziehen! Indessen: wahr ist sie, ohne Falsch und Tücke und was sie sagt, ist offen und ehrlich gemeint.

Axinia [im Gespräch mit Wassilowitsch.] Mein Papa? ach, der Hampelmann!

[Alle sind betroffen.]

Majewsky [seine Verlegenheit rasch maskirend.] Hören Sie, mich nennt sie einen Hampelmann — hahaha!

Die Herren u. Damen [lachen aus Artigkeit.] Hahaha!

Majewsky [der sich Axinia nähert, ihr scherzhaft drohend.] Warte, warte, Du kleine Kröte Du — nun bekommst Du Strafe, Du mußt mir ein Küßchen geben! [Hält ihr den ge= spitzten Mund hin.]

Axinia. Ach Papa, quäle mich nicht! Du bist lang= weilig.

Majewsky [rasch.] Nun, nun! sage, Herzchen, vielleicht willst Du tanzen?

Axinia (gleichgültig.) Warum nicht? Aber eine Polka, das andere mag ich nicht.

Majewsky. Ja, ja, Kindchen, eine Polka — vorwärts werthe Gäste, bitte mir zu folgen. Wir werden eine Polka arrangiren. (Zu Wassilowitsch.) Herr Wassilowitsch, geben Sie meiner Tochter den Arm. Vorwärts!

Wassilowitsch (rasch.) Mit Wonne! (Geckenhaft zu Axinia tretend, küßt ihr die Hand, dann bietet er ihr mit Devotion den Arm.) Bitte!

Axinia. (legt ihren Arm mechanisch in den seinen und geht mit ihm rechts im Hintergrunde ab. — Die Herren und Damen folgen.)

Majewsky (zu den Kaufleuten, die mit ihm auftraten.) Kommen Sie, meine Herren! (Folgen den Andern.)

(Man hört nach kurzer Zeit die Klänge einer Polka=Mazurka.)

3. Scene.

Nach einer kleinen Pause tritt Korobkin rasch im Hintergrunde auf, ihm folgt ein Lakai.

Korobkin (ein Mann mit pechschwarzer Perrücke, militärisch zugestutztem Barte, stechenden Augen, eine Beamtenuniform tragend, an der Seite einen Degen, spricht zum Lakaien.) Sage: Militär=Intendant Korobkin lasse den Hausherrn auf ein Paar Worte bitten.

Lakai [verbeugt sich und eilt nach der Seite, von welcher man die Musik hört.]

Korobkin [wirft sich auf ein Sitzmöbel links, streckt die Beine gemächlich aus und sagt.] Ich muß den Kerl heute noch schröpfen, meine Frau läßt mir keine Ruhe! Ah, da kommt er schon!

4. Scene.

Voriger. Majewsky [mit dem Lakaien von links im Hintergrunde.]

Majewsky [wirft einen Blick auf Korobkin und winkt dem Lakaien, sich zu entfernen, dann kommt er zu Korobkin und sagt.] Ah, Herr Intendant, sehr erfreut; welchem glücklichen Zufalle habe ich so angenehmen Besuch zu verdanken?

Korobkin [ohne sich vom Sitze zu erheben.] Peter Iwanowitsch, laßt mich erst ein wenig verschnaufen!

Majewsky. Ganz nach Ihrem Belieben, Herr Intendant. [Er verbeugt sich und bleibt vor ihm stehen.]

Korobkin. Am Thore und im Hofe habe ich eine Menge Wagen gesehen. Ihr gebt also heute ein Fest?

Majewsky. Es ist der Namenstag meiner Tochter Arinia. Es wäre mir eine Ehre gewesen, Ihnen, Herr Intendant, eine Einladung zu machen, aber gewisse Rücksichten hielten mich ab —

Korobkin. Ja, ja, kann mir's schon denken; Ihr seid ein geriebener Spitzbube und wollt nicht merken lassen, daß —

Majewsky [verletzt.] Herr von Korobkin!

Korobkin [lachend.] Nun, was?

Majewsky [der sich faßt.] Bedenken Sie, daß man leicht hören könnte — [Blickt nach dem Hintergrunde.]

Korobkin. Ja so! [Leise.] Also ganz unter uns, Ihr seid ein Spitzbube!

Majewsky [mit mühsam zurückgehaltenem Aerger.] Sind Sie gekommen, mich zu beschimpfen?

Korobkin. Ich habe ja gar nicht die Absicht, dies zu thun, aber sagt selbst: wäre ich mit Euch in gewisse Geschichten verwickelt, wenn Ihr nicht der Spitzbube wäret, der mich dazu verleitete?

Majewsky [mit harmlosem Tone.] Verzeihung; ich allein bin nicht der Spitzbube, ich habe Genossen —

Korobkin [springt auf.] Ha, was untersteht ihr Euch?

Majewsky. Nichts, Herr Intendant, ich will nur bemerken, daß wir Beide die ehrlichsten Leute wären, wenn es keine Spitzbuben gäbe. Doch lassen Sie mich hoffen, daß Sie nicht gekommen sind, unsere Conduite zu besprechen, womit kann ich dienen?

Korobkin. Ich brauche noch 5000 Rubel!

Majewsky. Werde morgen die Ehre haben, auf Ihr Bureau zu senden!

Korobkin. Nein, nein, gebt mir das Geld sogleich!

Majewsky. Sogleich? [Ist etwas verdrießlich, faßt sich aber und sagt, nach dem Hintergrunde spähend.] Dann muß ich bitten, einige Augenblicke allein zu bleiben, oder darf ich Sie der Gesellschaft vorstellen?

Korobkin. Hol' der Teufel Eure Tellerlecker, will nichts mit dem Pack zu thun haben. Geht, ich erwarte Euch hier.

Mojewsky. Nach Belieben, Herr Intendant; ich komme sogleich wieder. [Im Abgehen Seite links, für sich:] Mich heißt er Spitzbube — ja, die Geschäfte, die Geschäfte! [Ab nach links.]

5. Scene.

Korobkin [der sich wieder auf seinen vorigen Sitz wirft.] Ach, es ist ein Leben voll Plage und Sorge! Ja, wenn meine Frau nicht wäre, deren Putz= und Verschwendungssucht keine Grenzen kennt, und meine Spielschulden, die man doch bezahlen muß, wenn man ein Mann von Ehre sein will; Verdammte Ehre — [Versinkt in dumpfes Nachdenken.]

6. Scene.

Voriger. Iwan [erscheint im Hintergrunde. Lakai folgt.]

Iwan [zu dem Lakaien.] Ich will den Herrn des Hauses sprechen und wenn ich sage: ich will, so werde ich es auch. Marsch, melde mich!

Lakai [im Hintergrunde ab.]

Iwan [tritt die Hände in den Hosentaschen, die Mütze unter dem Arme, gemächlich ein und kommt vor.] Welche Mühe und Vorsicht die Leute anwenden, um unliebsame Gäste von sich fern zu halten, aber das Schicksal läßt sich nicht abweisen, es sagt: ich will eintreten und — da ist es! [Kömmt an die rechte Seite und läßt sich dort auf ein Sopha nieder, wodurch er Korobkin gegenüber sich befindet.] Der Armeelieferant wird sich wundern, mich hier zu finden. [Blickt vor sich und sagt überrascht.] Teufel, wen sehe ich? Dort sitzt ja mein Kanzlei Chef; das trifft sich herrlich!

Korobkin [blickt nun auch, aus seinem Hinbrüten erwachend, vor sich hin und bemerkt Iwan.] Sitzt dort nicht Einer? Es war doch früher außer Majewsky Niemand hier. Zum Teufel, der sieht aus wie mein Schreiber Iwan Gorobin! [Erhebt sich rasch, schreitet auf Iwan zu und faßt ihn scharf in's Auge, dann weicht er einen Schritt zurück und sagt.] Zum verwechseln ähnlich — denn er kann es nicht sein, er müßte doch wissen, daß sein Chef vor ihm steht. [Iwan betrachtend.) Und dennoch — (ruft ihn barsch an.] He da, wer seid Ihr?

Iwan [freundlich grinsend.] Ich? Nun, wer anders, als der Schreiber Iwan Gorobin!

Korobkin [außer sich.] Popensohn; bist Du betrunken, daß Du Deinem Chef unehrerbietig begegnest?

Iwan [mit klagendem Tone.] Ach, mein Väterchen, ich bin heute noch ganz nüchtern; ja, wenn ich einige Kopeken hätte, dann könnte ich wohl einen Schluck riskiren. Ach, Väterchen, schenkt mir — wartet, wie viel? (Als ob er nachdächte) ja, schenkt mir ein paar Tausend Rubel! (Er hat sich erhoben und steht in demüthig bittender Haltung.

Korobkin [ist zuerst sprachlos vor Erstaunen, dann sagt er.] Er hat den Verstand verloren! [Ruft.] Pack' Dich fort!

Iwan. Ach, erlaubt doch, daß ich bleibe; ich muß mit dem Herrn des Hauses sprechen!

Korobkin. Fort, sag' ich!

Iwan. Aber, ich bitte —

7. Scene.

Vorige. Majewsky (von d. Seite rechts.)

Majewsky Was geht hier vor?

Korobin (zu Iwan.) Ich befehle Dir —

Iwan. Ach Herr, (zu Majewsky) erlauben Sie, daß ich bleibe; ich habe Wichtiges mit Ihnen zu sprechen.

Majewsky. Wer seid Ihr?

Iwan. Ein armer Schreiber, der letzte von den Schreibern auf der Kanzlei Sr. Gnaden des Herrn Intendanten Korobkin.

Majewsky. Nun, was wollt Ihr?

Iwan. Einen Rath, einen guten, väterlichen Rath; ich bin ein armer, dummer Mensch, mein Gott, Sie sind ja als ein so überaus kluger Mann bekannt, und da die Sache auch ein wenig Sie betrifft —

Korobkin. Laßt ihn doch hinausjagen, diesen —

Majewsky [beschwichtigend.] Wir wollen vorher erfahren, was der Mensch im Sinne hat. [zu Iwan] Ihr braucht einen Rath? In welcher Sache?

Iwan. Eine höchst seltsame Sache ist es, aber Sie, mein Herr, der Kaufmann und Armeelieferant, sind hierin ganz gewiß competent. — Heute Nachmittag, als ich eben im

Corridor der Kanzlei meine vom vielen Sitzen steif gewordenen Beine einzurenken suche, kommt plötzlich unser hochverehrter, allgeliebter Chef, Herr Intendant Korobkin an mir vorüber. Ich salutire pflichtschuldigst, Seine Gnaden aber legt mir die Hand auf den Kopf und drückt ihn mir mit jäher Gewalt nach vorne, daß es aussieht, als wollte ich mich ihm zu Füßen werfen und sagt zu mir gnädig scherzend: „Du Hunde=Kerl, deinen breiten Rücken durchzuknuten wär' Entzücken!" Sehen Sie sich einmal meinen Rücken an, hat er recht? Nach dieser gelungenen Improvisation lacht mein Gönner übermächtig, daß es ihn schüttelt und geht weiter, ich aber bleibe in der mir aufgezwungenen Haltung und — blicke angelegentlich hinab auf den Boden, denn vor mir liegt, wie herab geschneiet, eine Papier=Enveloppe, deren Siegel aufgebrochen ist, und in der Enveloppe steckt ein zierlich gefaltetes Brieflein, es guckte so schalkhaft hinter dem Umschlag hervor, wie das lächelnde Gesicht einer Schönen hinter dem Fächer, daß ich mich nicht enthalten konnte, es verstohlen aufzuheben und in meiner Rocktasche verschwinden zu lassen. Zu Hause angelangt, entfaltete ich das Brieflein, welches an seine Hochwohlgeboren, dem Herrn Intendanten Demeter Korobkin adressirt war und las: „Für gestern übernommene Lieferung als Dank und Entschädigung beifolgende Anweisung auf 10,000 Rubel. Alles ist gut abgelaufen liebster Freund; wir sind sicher — ꝛc. ꝛc. kurz der schönste Abriß eines wunderhübschen Unterschleifs — gezeichnet: Ihrgetreuester Majewsky.

Majewski (entsetzt.) Heiliger Nicolaus!

Korobkin (ebenso.) Heiliger Stanislaus!

Majewski. Der Brief, den ich durch einen meiner verläßlichsten Diener besorgen ließ —

Korobkin. Den ich auch erhielt —

Iwan. Nun, Ihr Herren, weshalb erschreckt Ihr? die Anweisung auf die 10,000 Rubel war ja nicht mehr in der Enveloppe.

Korobkin. Die hatte ich sorgfältig aufbewahrt —

Majewsky. Wurde auch meinem Kassirer zur Auszahlung präsentirt, aber der Brief —

Korobkin. Den glaubte ich ebenfalls gut verwahrt zu haben

Majewsky (schreit, alle Mäßigung vergessend.) In den Händen dieses Menschen, o, Dummkopf!

Korobkin (gegen Majewsky losfahrend.) Warum mußtet Ihr schreiben, konntet Ihr nicht selbst kommen, Erzgauner!

Majewsky (rasch.) Herr Intendant, ich verbiete mir in meinem Hause jede Injurie!

Korobkin (rasch.) Und ich erkläre es für eine Injurie, mir überhaupt etwas verbieten zu wollen!

Majewsky (drohend.) Herr Korobkin!

Korobkin. Herr Majewsky!

Iwan (der sich schadenfroh die Hände reibt.) Iwan, das ist ein Meisterstreich von Dir! (zwischen die Beiden tretend.) Ruhe, meine Herren, kaltes Blut, ich bin es, mit dem man reden muß, ich bin die Hauptperson.

Korobkin und Majewsky (stürzen auf Iwan los und ihn am Halse fassend, rufen sie mit vor Aufregung gedämpfter Stimme.) Den Brief! Her mit dem Brief!

Iwan (zeigt durch Geberden an, daß er sprechen möchte.)

Beide. Redet! — (lassen ab von ihm, bleiben aber im Begriffe, ihn sogleich wieder zu fassen.)

Iwan (mit heiserem Tone.) Eine sonderbare Art, Einem um den Hals zu fallen. Das kostbare Brieflein habe ich gar nicht bei mir. Ich bin zwar nur ein unbedeutender Schreiber, ein Hundekerl, wie sich Euer Gnaden auszudrücken beliebten, aber dumm bin ich nicht. Das Brieflein befindet sich wohlversiegelt an einem sicheren Orte, von wo es entweder mir zurückgestellt, oder auf mein Geheiß in die Hände des Kriegsministers gelangen wird und somit habt Ihr nicht mich — sondern ich Euch an der Gurgel. (Beide prallen zurück.) na — na — ich sage nur so, bin ja ein gebildeter Mensch und werde mich nie erdreisten, solche Ehrenmänner bei den ehrenwerthen Gurgeln zu packen — nein, ich greife Euch einfach unter die Arme, das sieht auch viel verständiger aus. (nimmt Beide unter den Arm) So; und nun wollen wir gemüthlich miteinander plaudern! Was meint Ihr wohl: soll ich Euch nach Sibirien spediren? Ihr denkt es wäre dort zu kalt und Euch die Reise zu beschwerlich? Nun gut! Ich will Euch in Euerer Behaglichkeit nicht stören, will mir's sogar selber für die Zukunft bequem machen! (läßt Beide los, steckt die Hände in die Taschen, spreizt die Beine auseinander und sagt) Diesen löblichen Zweck zu erreichen, werdet Ihr mir behilflich sein — ganz ohne Zwang, aus freiem Willen, indem Ihr mir als Schweigegeld sechzig tausend Rubel ausbezahlt.

Korobkin (entsetzt.) Sechzigtausend Rubel!

Iwan. Keine Silberrubel — nur Papier!

Majewsky (klagend.) Er ruinirt uns — eigentlich mich. (rasch gefaßt) Ihr sollt die Summe haben; aber der Brief —

Iwan. Welcher Brief? Ach so! Der Brief, der bleibt bis auf Weiteres in meinen Händen, denn bin ich auch nicht mehr ehrlich, so bin ich doch ehrgeizig und will meine Carrière nicht als Schreiber beschließen. Ein Schreiber mit 60,000 Rubel in der Tasche, was würde der Kriegsminister dazu sagen und erzählen müßte ich ihm doch — wenn ich bei ihm vorfahre —

Korobkin. Satan! Du wirst doch nicht selber Intendant werden wollen?

Iwan. Beruhigt Euch, lieber Hallunke!

Korobkin. Tausend Donner — er wagt es?

Iwan. Keine falsche Bescheidenheit, wir sind ja ganz unter uns, und Euch zum Troste gesagt: ich verzichte darauf, mich in der Verpflegsbranche zu poussiren. Nachdem ich 10 Jahre lang die hohe Ehre hatte, dort wohlbestellter Schreiber zu sein, habe ich genug davon. Vielmehr habe ich die Absicht, mich unter Freund Majewsky's Flügel zu ducken. Er hat eine Tochter —

Majewsky. Ihr wollt mein Schwiegersohn werden?

Iwan. Ach, nicht um ein Dutzend solcher Schwiegerväter, wie Ihr Einer wäret! Ich erinnere mich nur Eures Töchterleins, weil ich weiß, daß der Pathe desselben ein einflußreicher Beamter im Finanzdepartement ist, dessen Protection ich benöthige, meinen Weg zu machen. Und zu dieser Protection soll mir Euer Püppchen verhelfen. Kann ich darauf rechnen, daß das Fräulein die Güte haben wird, mich als ihren Protegé zu präsentiren?

Majewsky (eifrig.) Es wird geschehen; mein Ehrenwort zum Pfande!

Iwan. Wie? Ich höre nicht gut!

Majewsky. Mein Ehrenwort zum Pfande!

Iwan (lächelnd die Achseln zuckend.) 'S wird wohl noch bessere Bürgschaft nöthig sein, doch davon sprechen wir morgen. Und jetzt gebt mir ein kleines Angeld auf die morgen fälligen sechzigtausend Rubel.

Majewsky (langt in die Seitentasche und gibt ihm ein Couvert.) Hier einstweilen fünftausend Rubel.

Korobkin (trostlos aufschreiend.) Meine fünftausend! O, ich werde verrückt! (fällt links in einen Stuhl.)

Iwan (zählt das Geld.) Richtig! Also morgen den Rest. (steckt das Couvert in die Tasche, — dann den Beiden eine Verbeugung machend.) Nun, lieben Freunde, wünsche ich Ihnen einen recht vergnügten Abend! (nach dem Hintergrunde gehend.)

Majewsky (wüthend.) O, Verräther!

Iwan. Was?

Majewsky (fällt stöhnend in einen Stuhl rechts.)

Iwan. Gute Nacht! (ab.) (In dem Augenblicke, wo Iwan abgeht, tritt Aginia mit einem Theile der Gäste im Hintergrunde auf und eilt zu Majewsky, während die Gäste verwundert Iwan nachblicken.)

Musik.
Ende des 1. Aktes.

---

2. Akt.

Kleiner Empfangssalon, reich möblirt. Kostbare Teppiche und Bärenfelle. An den Wänden große Oelgemälde. Ein reich verzierter Kamin. Links und rechts Seitenthüren. Mitteleingang.

1. Scene.

Maria, in eleganter Haustoilette, ruht auf einer Ottomane und liest in einem Journal, neben ihr auf einem niederen Tischchen liegen durch und übereinander geworfen, eine Menge Zeitungen.

Maria (blaß und traurig aussehend) (läßt das Blatt sinken.) Daß ich mich nicht gewöhnen kann, etwas anderes, als die Berichte vom Kriege zu lesen. Bälle, Theater, Concerte, wie schal, wie nichtig erscheint mir dies Alles, kaum werth, die Zeit damit zu füllen. (wirft das Blatt fort, dann drückt sie auf eine Glocke.)

2. Scene.

Vorige. — Anna (von der Seite rechts.)

Anna. Gnädige Frau befehlen?

Maria. Ist meine Mutter zu Hause?

Anna. Nein; gleich nach dem Essen ging Frau von Korboff nach dem Magazin von Madame Xavier.

Maria (erhebt sich, unmuthig für sich.) Also doch wieder! Ich habe sie gebeten, das Magazin zu meiden; es ist eine Lächerlichkeit, dort die große Dame zu spielen, wo man unsere einstigen Verhältnisse kennt. (laut) Mein Vater?

Anna. Auf seinem Zimmer! Gregor sagt, es seien zwei Herren da, welche mit dem Herrn von Korboff plaudern, rauchen und — (stockt.)

Maria. Trinken!

Anna. Gnädige Frau, soll ich das Feuer anschüren?

Maria. Nein! Anna, geh zu meinem Vater und sag ihm, ich lasse ihn zu mir bitten, sobald es seine Zeit erlaubt.

Anna. (ab durch die Mitte.)

3. Scene.

Maria (allein.) Ich kann nicht dulden, daß der Vater diese Lebensweise fortsetzt. Er untergräbt seine Gesundheit und ist das Opfer von Schmarozern, welche seiner Eitelkeit schmeicheln, um ihn auszubeuten. (Man hört Korboff von außen: „Auf Wiedersehen Manilow, Michaelowitsch, auf Wiedersehen."

Maria. Ah, er kommt! (geht ihm entgegen.)

4. Scene.

Vorige. Korboff (durch die Mitte.)

Korboff (in einem mehr auffallenden als eleganten Straßenanzuge, Hut und Stock. Er sieht jetzt frisch und wohl genährt aus, aber das Gesicht zeigt eine gewisse Röthe, wie bei Trinkern bei reichlichem Genusse.) Da bin ich; Frau Tochter wünschen mich zu sprechen? Ich war eben im Begriffe, mit meinen Freunden das Haus zu verlassen und nach dem Café zu gehen, wo immer einige Engländer zu treffen sind. Michaelowitsch streitet nämlich mit mir darüber, daß unsere Flotte im baltischen Ocean —

Maria. Ach, Vater, sprechen wir nicht von den Engländern ich weiß, es ist Ihr Steckenpferd, mit allen Leuten zu politisiren.

Korboff (lacht überlaut.) Hahaha! wie du da wieder redest; Die Politik ein Steckenpferd, bin denn ich ein kleiner Junge, der auf Steckenpferden herumreitet? (sich in die Brust werfend.) Ich bin ein Russe und ein Handelsmann und der russische Handel mit dem Orient — (lacht wieder.) Hahaha, jetzt würde gewiß wieder Michalowitsch, wenn er mich hörte, sagen: der russische Handel mit dem Orient ist nicht, wie er sein soll, aber die russischen Händel mit der Türkei lassen nichts zu wünschen übrig! hahaha! (er schwankt und setzt sich, dabei sagend) Frau von Gorodin erlauben, daß ich mich setze.

Maria. Lieber Vater, warum nennen Sie mich nicht einfach, wie früher, Maria, oder Tochter?

Korboff. Weil Du die Frau des Herrn Rathes Iwan Gorodin bist, oder bist Du es etwa nicht?

Maria (vor sich hinsprechend.) Fast kömmt es mir vor, als wärs ein Traum.

Korboff. Traum? Wär' mir nicht lieb, wenn ich wieder einmal in der alten, verwitterten Baracke, wo wir ehemals gewohnt und gedarbt haben, erwachte! Meinem Schutzheiligen sei's gedankt, ich bin der Schwiegervater des reichen, angesehenen Rathes Iwan Gorodin. Wie Iwan in so kurzer Zeit eine solche Carriére machte, der Teufel weiß es, hahaha, aber er hat sie gemacht.

Maria (mit Erregung.) Nicht wahr, Vater; Iwan ist ein Mann von großen Talenten?

Korboff. Will's meinen! Hahaha! Er war kaum einige Wochen im Finanz=Departement der Steuer administration zugetheilt, als es schon verlautete, er habe den Plan einer Steuerreform in petto, wodurch die Reichen und Adeligen verhalten würden, die außerordentlichen Bedürfnisse des Reiches mehr als genügend zu decken! Aber was gab es da für Sturm? Welch Gelaufe und Gezeter ging da los! Wo ist Iwan Gorodin? Her, mit Iwan Gorodin! Es regnete Briefe aller Arten von Herren und Damen, mit großen und kleinen Wappen, wie Sand am Meere häuften sich die Einladungen zu Diners, Soupers und Soirees in den feinsten Häusern; Alles bestrebte sich für Iwan Gorodin zu petitioniren, zu protectioniren, zu intriguiren; — wie im Anlaufe auf eine Festung stieg er empor, von Stelle zu Stelle; endlich war der Steuerplan fertig und der Adel athmete auf, die Gefahr war vorüber.

Maria. Wer aber muß nun die neuen Steuern zahlen?

Korboff. Wer anders, als das Volk!

Maria (bewegt.) Das arme, das ohnehin schon schwer belastete Volk!

Korboff (achselzuckend.) Nun ja, es ging eben nicht anders! Mein Herr Schwiegersohn kann keine Wunder wirken, und seine Schuld ist es nicht, wenn jede Steuerreform zu Gunsten des Volkes auf unübersteigliche Hindernisse stößt.

Maria. Aber er hätte für sich daraus keinen Nutzen ziehen sollen!

Korboff. Für sich? er sorgt für seine Familie, für die gegenwärtige und zukünftige, hahaha!

Maria (verletzt.) Vater!

Korboff. Nun — darf ein Schwiegervater nicht an seine zukünftige Familie denken? ist es etwa eine — eine Unanständigkeit, sich daran zu erinnern, daß unsere Generation nicht die letzte sein werde?

Maria (ablenkend.) Lieber Vater! hören Sie mich an. Ich wollte Sie sprechen, um Ihnen eine Bitte vorzutragen.

Korboff. Trage vor, mein Kind, trage vor!

Maria. (zu ihm gehend.) Vater, ich bin um Ihre Gesundheit besorgt!

Korboff. Wozu? Ich war niemals gesünder, als jetzt.

Maria. Aber gestatten Sie mir den Einwand — Sie trinken —

Korboff. Nun was thuts? Die Russen trinken Alle!

Maria. Aber Sie, Vater, trinken zu viel! Früher geschah dies niemals!

Korboff. Ja, siehst du, Frau Tochter, früher trank ich zu wenig, deßhalb war ich auch immer so matt, so schlecht gelaunt; — wenn ich nun mitunter zu viel trinke, so geschieht es nur, das Gleichgewicht zwischen Einst und Jetzt herzustellen! Hahaha! (er schwankt und muß sich setzen.) Uebrigens bin ich nie betrunken — das heißt was wir Russen betrunken nennen.

Maria (bestimmt.) Aber ich will nicht, daß Sie zuviel trinken.

Korboff (springt auf.) Du willst nicht? Ha — du willst überhaupt nicht! Das Nichtwollen ist Deine Stärke! Du wolltest nicht aufhören zu arbeiten, Du wolltest Jwan nicht heiraten, Du willst keine vornehme Dame sein, Du willst keine Enkel auf meinen Knien schaukeln sehen! Du willst gar nichts.

Maria. Ach, Vater!

Korboff. Kurz — Du willst nicht, ich aber will, ja, ich will! — (wird gerührt.) Ich bin ein alter Mann, habe mich meine Tage lang genug gequält und dabei gedarbt, weiß Gott! keiner war ehrlicher und eifriger in Erfüllung seiner Pflicht und nun will meine Tochter nicht, daß ich die Stunden, welche mir noch zu leben vergönnt sind, genieße, ach, das ist lieblos — sehr lieblos. (Er setzt sich und zieht ein farbiges Sacktuch, mit welchem er sich die Augen trocknet.)

Maria. Ach Vater! was sind das für Reden? Ich, Ihre Tochter, welche Sie so überaus liebt, ich sollte — nein, im Ernste denken Sie das nicht, Vater! (beugt sich über ihn und ihm schmeichelnd.) Väterchen sage, daß Du mir nicht zürnst!

Korboff (blickt auf, lächelt und sagt lustig.) Ich zürnen? Ist mir auch gar nie eingefallen! Da! (küßt sie.)

(Man hört von außen Nastenka's Stimme: „Nur hierher, hierher.")

5. Scene.

Vorige. Nastenka (durch die Mitte, ihr folgen zwei Diener in Kosakentracht mit Kartons).

Nastenka (die große Dame spielend, reich aber mit wenig Geschmack gekleidet.) Stellt Alles auf den Boden und wartet, bis ich Euch rufe. Stupai! Stupai! (die Diener stellen die Cartons auf den Boden und eilen durch die Mitte ab.)

Nastenka. Da bist Du ja, Maria! sieh einmal, was ich eingekauft, und bewundere meinen — meinen — gout!

Korboff (erhebt sich hastig und sagt.) Ihr werdet Euch nun in Abhandlungen über Kleider, Moden und Stoffe vertiefen, das ist langweilig; — da geh' ich! Auf Wiedersehen, Kinder, auf Wiedersehen! (setzt den Hut auf und mit dem Stocke spielend, geht er, ein Liedchen trällernd, durch die Mitte ab.)

6. Scene.

Nastenka. Maria.

Nastenka. Dein Vater scheint wieder ein wenig zu viel (deutet das Trinken an.) Ich begreife nicht, wie man sich von einer Leidenschaft so beherrschen lassen kann! — Nun sieh aber, mein Herzchen, sieh einmal! (geht zu den Cartons und ist im Begriffe, von dem obersten den Deckel abzuheben.) Das sind Spitzen aus Brüssel — Madame Xavier versicherte, sie seien echt, und das Feinste in diesem — diesem Genre! Komm, Maria!

Maria. Mutter, Sie haben wohl vergessen, daß ich Sie bat, nicht mehr zu Madame Xavier zu gehen und daß Sie mir versprachen —

Nastenka (etwas verlegen.) Ja, ja, es ist wahr, ich erinnere mich! (begütigend.) Aber sieh, mein Herzchen, es macht mir ein ganz besonderes, ein eigenthümliches Vergnügen, das Magazin aufzusuchen, in welchem meine Tochter einst gearbeitet! Und abgesehen davon, daß ich voraussetze, Madame wird mir schon um deinetwillen das Beste und Feinste liefern, denke ich mir: Einst hat Madame uns beschäftigt, nun beschäftigen wir Madame! (will wieder den Carton öffnen.)

Maria. Fühlen Sie nicht, Mutter, daß es wie Hochmuth aussieht, wenn Sie in dem Magazin, in welchem Ihre Tochter eine arme Arbeiterin war, die große Dame spielen?

Nastenka (läßt den Deckel fallen und macht rasch ein paar Schritte vor.) Spielen? Du meinst, ich spiele? Ich, die Schwiegermutter des Herrn Rathes Iwan Gorodin, des Protegées so vieler Gräfinnen, Fürstinnen, Prinzessinnen? Erst gestern sagte mir die Frau des Gerichtspräsidenten: Madame, wissen Sie schon, daß Ihr Herr Schwiegersohn nächstens Staatsrath werden soll? — Ich spiele die große Dame! Seht doch, als ob man nicht eben so gut, wie Andere, wüßte, was dazu gehört, in Wirklichkeit eine große Dame zu sein! c'est admirable! (geht unmuthig auf und ab und fächelt sich mit ihrem kleinen Sonnenschirm.)

Maria. Liebe Mutter, seien Sie doch nicht böse, ich meinte ja nur, daß unser früherer Stand — —

Nastenka. Nun, — was willst Du damit sagen? Dein Vater war ein simpler Buchführer und jetzt ist er der gegen=

wärtige Schwiegervater eines zukünftigen Staatsrathes; das
ist noch lange nichts in einem Reiche, in welchem einst ein
Pastetenbäckerjunge nahe daran war, Schwiegervater des
Czaren zu werden! Doch es wundert mich eigentlich gar
nicht, daß Du Deiner Mutter derartige Bemerkungen machst,
Du selber gehst ja in Deinem Hause umher, als ob Du zu
den Rechten der Hausfrau gekommen wärst, wie der Bettler
zu einem Almosen! — Aber ich fühle meine Würde als
Schwiegermutter eines zukünftigen Staatsrathes und diese
Würde muß ausgedrückt, muß gesehen werden, und
darum zeige ich, daß mein -- mein Exterieur, meine Prä=
sentation den Herrn Schwiegersohn nicht hindern, die höchsten
Stellen, den vornehmsten Rang zu — zu — wie nennt man
das? (mit französischem Accent:) zu prätendiren. (Ruft gegen die
Mitte.) He, Ossip, Gregor! (geht rasch zur Glocke und drückt auf
diese.) Anna, Fanischka, — wo steckt denn das Pack?

7. Scene.

Vorige. (Von der Mitte stürzen die zwei Diener in Kosakentracht
herein, von der rechten und linken Seite Anna und Fenischka.)

Nastenka (ruft die Diener an.) Bringt die Cartons nach
meinem Appartement! Stupai!
(Die Diener tragen die Cartons nach rechts.)

Nastenka (hat Hut und Mantel abgenommen und an Anna
gegeben.) Da! — Warte, die Handschuhe — (wirft ihr die Hand=
schuhe zu.) Du, Fanischka, bringe mir das Buch von meiner
Toilette mit dem Lesezeichen!
(Beide Mädchen eilen nach rechts ab.)

Nastenka (lehnt sich auf die Ottomane.) Ich lese eben
einen Roman von Iwan Turgenieff, der Mann hat Talent;
ich möchte ihn kennen lernen, um ihn zu befragen, wie man
ein Gedicht macht. Die Vorsteherin vom Verein für Ver=
heiratung armer, aber gesitteter Jungfrauen beabsichtigt die
Herausgabe eines Jahrbuches mit dem Verzeichniß der im
Laufe des letzten Vereinsjahres verheirateten und auch der
sitzen gebliebenen Jungfrauen, daran schließen sich allerlei
poetische Beiträge von den Vereinsdamen, und da ich zu diesen
zähle, möchte ich ein Gedicht — dichten! Die Idee wäre
der orientalische Krieg und sein Einfluß auf die eigentliche

Bestimmung der Jungfrauen! — Meinst Du nicht, Maria, daß ein solches Gedicht großen succés haben würde?

Fanischka (kommt zurück, übergibt Nastenka ein fein gebundenes Buch mit Lesezeichen und geht wieder ab).

Maria (welche zum Fenster getreten ist und sinnend hinausblickt, sagt zerstreut.) Gewiß, liebe Mutter, gewiß! (und ruft plötzlich.) Iwan kommt! (sie verläßt rasch das Fenster und macht ein paar Schritte nach der Thüre rechts.)

Nastenka. Nun, wo willst Du hin? Es sieht ja aus, als wolltest Du vor Deinem Gemahl die Flucht ergreifen!

Maria (besinnt sich und schreitet gegen die Mitte).

8. Scene.

Vorige. Iwan (durch die Mitte.)

Iwan (er ist mit Eleganz gekleidet und zeigt wirkliche Vornehmheit in Haltung und Geberde, aber seine Züge drücken Abgespanntheit und Ermüdung aus. Im Eintreten blickt er rasch umher und sagt dann gleichmüthig.) Guten Abend, Mutter — (Maria, die Hand reichend, mit liebevollem Tone.) Guten Abend, Maria!

Maria. Du bist lange ausgeblieben!

Iwan. Findest Du, daß ich zu lange aus war?

Maria (wie ausweichend.) Nun, ich weiß, daß Du zuweilen den Nachmittag über zu Hause bist!

Iwan. Wir hatten Sitzung und — ach, wie bin ich ermüdet! (setzt sich.) Ist kein Diener da?

Maria (will zur Glocke.)

Nastenka (langt lesend darnach und drückt auf die Glocke.)

Diener (tritt durch die Mitte ein.)

Iwan. Ein Glas Madeira!

Diener (ab.)

Maria. Bleibst Du zu Hause?

Iwan. Eine Weile — später muß ich zu Herrn von Merville, dem französischen Konsul — ach! (drückt die Hand an die Stirn.) Stellung bringt Sorgen, die in der Mansarde hatten wir überwunden, aber die Hydra war nicht todt — haha — nicht todt!

Diener (tritt ein mit einer Silberplatte, worauf eine Bouteille Madeira und ein Glas.)

Maria (nimmt die Platte, schenkt ein und reicht das Glas Jwan.)

Jwan. Danke! (trinkt das Glas rasch leer.)

Maria (stellt die Platte auf den Tisch in Jwans Nähe nnd winkt dem Diener, zu gehen.)

Diener (ab durch die Mitte.)

Jwan (sitzt und scheint in Gedanken versunken, plötzlich hebt er den Kopf, ermuntert sich und sagt aufstehend.) Aber Ihr seid ja so schweigsam? Ah! (auf Nastenka deutend.) Madame ist im tête-à-tête mit ihrem Lieblingsdichter, ja, ja, Bildung macht frei! (zu Maria.) Und Du, mein süßes Herz, was machst Du? Wie geht es Dir? Seit Morgen habe ich Dich nicht gesehen — nun, erzähle mir, wie hast Du die Zeit verbracht? (er zieht sie neben sich rechts auf ein Sopha.)

Maria. Ich weiß eigentlich nicht, was ich mit der Zeit angefangen — mir ist, als hätte ich gar nichts gethan, doch ja, — ich las die Journale.

Jwan (spöttisch.) Nun natürlich, die Berichte vom Kriege sind das Einzige, was für Dich Interesse hat, und es scheint mir manchmal, als suchtest Du Deinen geliebten Freund in den Reihen der Soldaten, während er doch an Deiner Seite Platz genommen!

Maria (steht auf.) Du spottest — das ist nicht recht!

Jwan (steht auf und nimmt ihre Hand.) Verzeihung, mein Herz; ich wollte Dich nicht verletzen, aber seit einiger Zeit bist Du auch gar so strenge gegen mich und zeigst mir bei dem geringsten Scherze gleich ein böses Gesicht. (mit sehnsüchtigem Tone.) Ach, ich wäre so gerne heiter, ich liebe die Fröhlichkeit über Alles, ich lache, worüber Du willst, gieb mir nur den Anlaß; eine lachende Physiognomie, heitere Stirne, helle Augen stimmen frohsinnig, wie ein schöner Tag, Lachen öffnet das Herz und ich fühle dann, daß ich noch eines habe, darum nur lachen, lachen, hahaha, so lache doch, Maria, lache doch!

Maria. Worüber sollt' ich, könnt' ich denn lachen?

Jwan (aufgeregt.) Also Du kannst nicht lachen; seit Du in meinem Hause lebst, hast Du das Lachen verlernt? Ich habe Alles gethan, Dir die Sorgen für immer fern zu halten, ich denke unablässig daran, Dir Freuden zu bereiten, ich zermartere mir das Gehirn, wie es mir gelingen möge,

Deinen Beifall, Deine Zufriedenheit zu erwerben, die kahle unwirthbare Steppe Eueres früheren Seins habe ich zu einem prangenden Garten voll Blüthen und Blumen umgeschaffen und für all dieses lohnst Du mich niemals durch eine Miene der Befriedigung, erwärmst mein Herz niemals durch ein Wort der Anerkennung, und verstummt ist für immer das liebliche, silberklare Klingen des Lachens aus Deinem Munde, welches mich einst so hoch beglückte, — still und schweigsam bist Du geworden, aber ich hasse dieses Schweigen und eher möchte ich das Geheul hungriger Wölfe um mich hören, es würde mich weniger in Furcht versetzen, als dieses traurige, trübe, lautlose — Schweigen!

Maria [erschrocken, zu ihm eilend.] Iwan, mein Iwan, Du zürnst mir!

Nastenka [ist erschrocken aufgestanden und sagt.] Mein Gott, was sollen wir denn thun?

Maria. Iwan, zürne nicht — bitte, sieh mich an, mein guter Iwan und verzeihe mir, wenn ich Dir Grund gegeben, mit mir unzufrieden zu sein!

Iwan [wendet sich zu ihr und sagt mit schmerzlicher Innigkeit.] Nein, nein, vergieb Du mir, ich wollte Dich nicht kränken, es ist über mich gekommen wie ein Sturmwind — ich habe in letzter Zeit viel gearbeitet, viel gedacht, ach vergieb, mein Engel, und wenn Du willst, lache über mein thörichtes Betragen, lache mich aus — hahaha!

Maria [rasch.] Nein, ich kann nicht lachen, aber ich will Dich küssen, damit Du nicht mehr böse bist! [umschlingt ihn, nimmt seinen Kopf in die Hände und ihm sich zuneigend, küßt sie ihn.]

Iwan [fängt unter ihrem Kusse vor seliger Freude zu lachen an und stammelt.] O mein Weib, wie sehr vermagst Du es, mich zu beglücken! [drückt sie an sich und küßt sie.]

Nastenka. Nun küssen sie sich, wie die Tauben, die Beiden sind verrückt! [wirft sich wieder auf die Ottomane und fängt zu lesen an.]

9. Scene.

Vorige. [Die Mittelthür wird rasch geöffnet, Korboff und Feodor erscheinen auf der Schwelle.]

Korboff. Nur hier herein, mein Junge, Du wirst

sehen, welchen Empfang man Dir bereitet. (eintretend.) Ah, da seid Ihr ja Alle; nun seht, wen ich mitbringe, unsern lieben, guten Feodor — der heute in Petersburg angekommen ist.

Nastenka (wirft das Buch weg.) Feodor Prokoff! (eilt auf Feodor zu und küßt ihn.) Gott zum Gruße, mein Püppchen!

Maria (welche einen Schrei freudiger Ueberraschung bei Feodors Erscheinen ausgestoßen, will auf diesen ebenfalls hin und an nichts weiter denkend, sagt sie voll Herzlichkeit.) Feodor, mein Freund! Du bist wieder gekommen? sie haben Dich also nicht getödtet? ach, wie froh bin ich!

Iwan (blickt nach Beiden und ruft für sich.) Sieh doch!

Feodor (sein Gesicht ist gebräunt und von einem kurzen Bart umrahmt. Er trägt die Offiziersuniform eines Donischen Kosaken und entgegnet ernst auf Maria's Begrüßung.) Gnädige Frau, ich danke Ihnen aus voller Seele für die herzliche Aufnahme, welche Sie dem Freunde Ihrer Kindheit zu Theil werden lassen!

Maria. Ach, wie gemessen er spricht! — Iwan, hörst Du ihn?

Feodor (vor Iwan sich verbeugend.) Herr Rath, ich freue mich, Ihnen zu Ihren Erfolgen Glück wünschen zu können.

Iwan (mit artigem Tone.) Und mich freut es, zu bemerken, daß auch Sie die Zeit, in welcher wir uns nicht gesehen, mit Erfolg angewendet haben. — Fast müßte ich Sie beneiden, denn Sie fanden gewiß die günstigste Gelegenheit, im Dienste des Vaterlandes sich auszuzeichnen.

Feodor. Ich bin überzeugt, daß die Dienste, welche Sie unserem geliebten Vaterlande geleistet, weit größer und erfolgreicher waren.

Korboff. Jetzt zu Ende mit den Komplimenten! Nicht wahr, Iwan, unser Freund ist willkommen in unserem, in Deinem Hause?

Iwan (mit leiser Ironie.) Das fragt Ihr noch, Schwiegervater? wie sollte der Jugendgespiele meiner Frau uns nicht willkommen sein!

Korboff. Nun also — da hörst Du es; jetzt aber setz' Dich in unsere Mitte und gieb Einiges von Deinen orientalischen Abenteuern zum Besten!

(Alle setzen sich, Feodor in der Mitte, die beiden Frauen neben ihm zur Rechten, zur Linken Korboff, auf dem Sopha Iwan, in der Nähe des Tisches, auf welchem die Platte mit dem Madeira sich befindet.)

Korboff. Also, schieß los, mein Junge, was hast Du gethan, dem russischen Handel neue Gebiete zu erkämpfen?

Feodor. Ach, in dieser Hinsicht gewiß blutwenig, aber meine Pflicht denke ich nicht vernachläßigt zu haben. — Mein Platz war in den unwirthbaren Schluchten des Balkan-Gebirges, dessen Päße wir Monate lang vertheidigten. Unaufhörlich wurden wir angegriffen und mochten wir auch Tausende unserer Gegner vernichten, immer wieder stürmten neue Schaaren gegen uns an. Es war, als ob die Todten durch Zaubermacht wieder belebt, die Blutarbeit fortsetzten und (humoristisch) ich möchte fast darauf schwören, daß ich einen Tscherkessen dreimal in sein mohamedanisches Paradies spedirt habe. 'Als mich aber derselbe Kerl ein viertes Mal attakirte, da wurde mir's zu arg, und mit einem kräftigen Stoß meiner Pike wies ich ihm genau den Weg nach Mohameds siebenten Himmel!

Korboff (lachend) Bravo, mein Söhnchen — bravo! Er macht aus vier Tscherkessen einen, da habt Ihr den Kaufmann!

Nastenka. Es muß schrecklich gewesen sein, ich habe schon eine Gänsehaut!

Maria (heftet mit lebhaftem Interesse ihre Augen auf Feodor.)

Iwan (der Feodor und Maria nicht aus den Augen läßt, sagt ironisch:) Und für diese Heldenthat wurden Sie zum Offizier ernannt?

Feodor. Nein, Herr Rath, der Anlaß war ein ernsterer, und offen gesagt, ich habe meine Beförderung weniger meiner Tapferkeit, als meiner guten Körperkonstitution zu verdanken. In den Wintermonaten litten wir unsäglich; bei Tag und Nacht hatten wir die Angriffe des Feindes abzuwehren und Ruhe ward uns nur, wenn ihn Ermattung zwang, uns Ruhe zu laßen, dann aber kämpfte der erschöpfte Leib gegen die Angriffe des Klimas, Schneestürme peitschten unsere armen Soldaten ärger, als Knutenhiebe, und unter der Kälte erstarrendem Hauch stockte das Blut in den Adern! Wie sehnte man sich da nach einem wärmenden Labetrunk, nach einem kräftigen Bissen, nach einer schützenden Decke.

Korboff. Nun, hattet Ihr denn Noth zu leiden? Es wurden doch während des Feldzuges ungeheure Anstrengungen gemacht, unsere braven Soldaten zu verpflegen.

Feodor. Ich bezweifle dies nicht, weiß ich doch selbst

davon aus der Zeit, als ich noch nicht bei der Truppe war! — Die Regierung rastete nicht, das Nöthige bis zum Ueberflusse zu steigern und unser angebeteter Czar sorgte, wie der Vater für die Kinder. — Es kamen auch immer wieder neue Sendungen aus allen Theilen des Reiches, (plötzlich auflodernd) aber Gott möge sie verdammen, jene Verbrecher, welche so ehr- und gewissenlos waren, einen großen Theil dieser Sendungen zu fälschen, und somit ihre armen Landsleute mehr marterten, als die Tscherkessen ihre Gefangenen.

Iwan (hat sich erhoben und tritt vor, sein Gesicht ist kreideweiß geworden.)

Maria (voll Abscheu.) Ist dies möglich?

Nastenka. Ach, Du lieber Gott!

Korboff. Rede weiter, mein Sohn!

Feodor. Was soll ich weiter sagen, als, daß wir alle Stadien der bittersten Entbehrungen durchmachten. Hier wand sich ein armer Bursche, der wie ein Löwe mit unseren Feinden gerungen, gleich einem Wurm am Boden, denn der Hunger wüthete in seinen Eingeweiden, aber die Lebensmittel, welche man uns konservirt und sorgfältig verpackt geschickt hatte, waren verfault und ungenießbar; — dort bat Einer, fast nackt, da ihm seine Widersacher während des Kampfes den Rock zerfetzt hatten, um einen schützenden Lappen vor der grimmigen Kälte, aber die Tuchmäntel, die Pelze und Decken, welche in sorgsam verschlossenen Kisten angelangt waren, zerfielen wie mürber Zunder, sobald man sie berührte.

Iwan (sieht aus, als ob das Leben aus ihm gewichen wäre, er langt mit zitternden Händen nach der Flasche mit Madeira und dem Glase, worauf er sich das Glas füllt.)

Feodor (in seiner Rede fortfahrend.) Und nicht dieser oder jener, Alle fühlten ihre Kräfte schwinden; — „Reicht mir ein wenig Thee, Wein oder sei es auch nur ein Glas Branntwein, Ihr müßt es mir geben, sonst sterbe ich!" — Und der Thee ist ein Gemisch aus vertrocknetem Gras und Sägespänen, der Wein mit Gift gefärbtes Wasser, der Branntwein, hahaha! — selbst ein Russenmagen kann ihn nicht verdauen, und während der arme Soldat mit trockener Zunge nach einem Tropfen elenden Trankes lechzt, schlürft der Schurke, der den Verzweifelnden um die stärkende Labe betrogen, hohnlachend die köstlichsten Weine des Erdballes und ersäuft sein Gewissen in ihren schäumenden Fluten!

Iwan (hat fortwährend zu trinken versucht, und läßt nun die Hand mit dem Glase auf den Tisch fallen.)

Feodor. Das war's, was uns ärger traf und unsere Schaaren mehr lichtete, als die todesverachtende Tapferkeit der Moslems; darum Fluch den Verräthern! sie kämpften unsichtbar in den Reihen des Feindes gegen ihre Stammesbrüder, ja noch mehr: sie stahlen uns das Mark aus den Knochen und lieferten die, welche kraft- und wehrlos geworden, in die Hände unserer Gegner! Freilich, mir war es zufällig gegönnt, all diesen Schrecknissen Stand zu bieten und überdies war ich darauf bedacht, mir von den Türken gehörig warm machen zu lassen; diese Vorsichtsmaßregel rechnete mir der General als Verdienst an, und so, Herr Rath, kam es, daß ich Offizier wurde.

Iwan (dessen Mienen während Feodors Schilderung die qualvollsten Empfindungen verriethen, rafft plötzlich alle Kräfte zusammen, sich aufrecht zu erhalten und sagt, sich zu einem verbindlichen Lächeln zwingend.) Noch einmal, ich wünsche Ihnen Glück, aber den — Verräthern, den — Schurken, wie Sie Jene nannten, welche aus den Lieferungen für die Armee Nutzen zogen, wünsche ich eben nicht, daß sie in Ihre Hände geriethen.

Feodor. Oh! wünschen Sie es, mein Herr, denn ich würde sie alle ohne Ausnahme hängen lassen.

Korboff. Ich auch!

Nastenka. Ich ebenfalls!

Maria (mit Entrüstung.) Schmach und ewige Schande diesen Elenden!

Korboff. Um ihren Hals die Schlinge!

10. Scene.

(In diesem Augenblicke wird die Mittelthüre geöffnet — mehrere Herren folgen Walikoff, welcher vortritt und sich an Iwan wendet.)

Walikoff. Herr Iwan Gorodin, Seine Excellenz der Herr Minister haben mich beauftragt, Ihnen das Dekret, welches Ihre Ernennung zum Staatsrath enthält, zu überreichen und Ihnen mitzutheilen, daß Seine Majestät in gnädiger Würdigung Ihrer Verdienste um den Staat beschlossen haben, Ihnen den Stanislausorden mit dem Bande zu verleihen!

(Freudige Bewegung unter den Anwesenden.)

Iwan [will sprechen, dann stottert er tonlos.] Um ihren — Hals — die Schlinge! [und stürzt zusammen.]
Maria. Gott! Iwan! [sie eilt zu ihm.]
[Große Bestürzung aller Anwesenden. Tableau.]
[Stürmische Musik. Der Vorhang fällt rasch.]

3. Akt.

Ein Herrensalon vor Iwan's Schlafzimmer, dunkle oder graue Tapeten mit Holzverkleidung. Etagere mit Büchern, ein Schreibtisch, Tischchen mit Rauchrequisiten und Meer= schaumköpfen, Sitzmöbel mit dunklem Leder, an den Wänden Waffen ꝛc. In der Mitte eine Hängelampe, auf dem Kaminsims eine Uhr und zwei brennende Lampen. Links und rechts eine Seitenthür. Mitteleingang.

1. Scene.

Nastenka [allein.]

Nastenka [sitzt mit einem Buche in der Hand.] Umsonst, ich kann nicht lesen, die Buchstaben ringeln sich unablässig durch= und ineinander, wie ein Haufen Würmer. Aber ist's denn auch ein Wunder? [weist nach rechts] Dort mein Herr Schwiegersohn an einer Nervenaffection erkrankt und dort [weist nach links] mein Mann in Folge der Ereignisse hier im Hause ebenfalls plötzlich erkrankt. Das ist zu viel für eine Frau von so zarter Constitution, wie ich bin! Und da sage man noch, wir seien das schwache Geschlecht! [Die Thür links wird geöffnet.] Ach, unser Freund Feodor kommt mit dem Doktor.

2. Scene.

Vorige. Feodor. Dr. Weinhardt [von links].

Nastenka. Nun, meine Herren, wie geht's meinem guten Michael?

Dr. Weinhardt. Beruhigen Sie sich, Frau von Korboff, es ist — offen gesagt, nichts weiter als eine natürliche Folge übermäßigen Trinkens.

Nastenka. Ach, Herr Doktor, das sagen Sie ohne alle Umstände?

Dr. Weinhardt. Warum nicht? Ich bin gewohnt, was ich denke, ohne alle Umstände meinen Patienten und deren Angehörigen in's Gesicht zu sagen, wodurch jedes Mißverständniß unmöglich wird.

Feodor. Es ist, denke ich — auch ganz gut so und erspart uns unnöthige Befürchtungen. Vater Korboff, durch den Unglücksfall seines Schwiegersohns alterirt, begab sich, wie er eben zuvor dem Herrn Doktor mittheilte, zu seinen Freunden in's Café und vertrank dort seinen Schmerz.

Dr. Weinhardt [weiter sprechend.] Als guter Ehemann wollte er wahrscheinlich auch den Ihrigen vertrinken und die Folge davon war jene unbeschreibliche Aufregung, in welcher er von den Freunden nach Hause gebracht wurde, und welchen Zustand man einfach einen Rausch nennt. Doch was macht Ihr zweiter Patient? Wenn's beliebt, werde ich mich zu ihm —

Nastenka. Bitte, Herr Doktor, thun Sie es nicht! Mein Herr Schwiegersohn will durchaus nichts von ärztlicher Hilfe wissen. Er hat entschieden abgelehnt —

Dr. Weinhardt. Um so besser für ihn, wenn der Herr Rath meiner nicht bedarf. Somit bin ich unnöthig und habe die Ehre! [geht durch die Mitte ab.]

3. Scene.

Nastenka. Feodor.

Feodor. Auch ich werde nun gehen!

Nastenka. Nein, nein, Feodor, lasse uns nicht allein, ich bin ohnehin schon ganz nervös von all' den Ereignissen. Ich bitte Dich, guter lieber Feodor, bleibe bei meinem Michael.

Feodor [lächelnd.] Nun, wenn es Ihnen Beruhigung gewährt, will ich dem Vater Gesellschaft leisten, bis er eingeschlafen ist.

Nastenka. O Dank, herzlichsten Dank, mein Kind. Wie froh bin ich, daß Du wieder hier bist, man hat doch nun eine Stütze.

Feodor (mit einigem Zögern.) Und wie befindet sich der Herr Rath?

Nastenka. Ich weiß seit einer Stunde nichts von ihm! (blickt nach rechts.) Doch da kommt Maria.

4. Scene.

Vorige. Maria (von rechts).

Nastenka. Nun, Tochter, wie geht's Jwan?

Maria. Er ist ruhiger und bat mich, ihn allein zu lassen. (sieht Feodor.) Ah, Feodor, Du hier?

Nastenka. Ja, er wird dem Vater, der sich auch wieder erholt hat, noch ein wenig Gesellschaft leisten — ach, wie gut ist es, daß er gekommen, man hat nun doch eine Stütze. Na, ich will eine Tasse Thee nehmen, mir ist so fatal zu Muthe — diese Aufregungen — ach — wenn man nur keine Nerven hätte — (ist bei den letzten Worten links abgegangen.)

5. Scene.

Feodor. Maria.

Maria. Ich danke Dir, Feodor, daß Du uns so viel Theilnahme schenkst, Du bist eben der Alte geblieben, wir aber — nicht wahr, Feodor, wir haben uns sehr geändert? (sie lächelt wehmüthig.)

Feodor. Nun ja, das kommt wohl von den geänderten Verhältnissen, doch hätte ich gewünscht, Dich froher und glücklicher wiederzufinden!

Maria (seufzend.) Ich bin nicht unglücklich, Feodor, nur mein Herz ist beklommen.

Feodor. Sage doch, warum, Maria? vertraue mir Deinen Kummer!

Maria. Ich könnte Dir nichts sagen — könnte Dir nur von meinen Empfindungen sprechen — (da Feodor reden will) heute nicht — wir wollen ein andermal mit einander plaudern! Morgen, wenn Du willst — und dann recht ausführlich, vielleicht wird mir leichter um's Herz.

Feodor. Nun gut, Maria, aber Eines wünschte ich noch heute von Dir zu erfahren! — Schlag mir's nicht ab!

Maria. Das ist?

Feodor. Wirst Du auch nicht böse werden?

Maria. Wie sollte ich — nun?

Feodor [zaghaft.] Ich wollte Dich fragen, ob Du dem Genossen Deiner Kindheit noch so freundlich gesinnt bist, wie früher?

Maria [herzlich.] Gewiß, mein Feodor, ich hege noch immer die gleichen herzlichen Gefühle für Dich und hoffe, daß auch Du mir ein Freund bleiben wirst, wie in den Tagen unserer Kindheit! [hat ihm die Hand gereicht.]

Feodor. Dein treuer Freund in allen Tagen Deines Lebens, verlaß Dich darauf. [drückt einen Kuß auf ihre Hand.] Ich danke Dir, Maria!

Maria. Nun aber geh' — Du wolltest ja noch zum Vater!

Feodor. Ja — auf Wiedersehen! [drückt ihr die Hand und geht links ab.]

6. Scene.

Maria allein.

Maria. Mein guter Feodor! wie beruhigt mich Deine Anwesenheit; es ist, als hörte ich Dich sprechen: Habe keine Furcht, ich bin ja bei Dir! [ängstlich.] Und ich habe Furcht — wie eine Wetterwolke schwebt es über meinem Haupte — [sich fassend.] Ach, ich bin eine Thörin — was fürchte ich denn — es ist ja nichts — nichts — [sie hat sich links auf einen Balzac niedergelassen.] Ich will versuchen, ob ich nicht ein wenig schlummern kann! [lehnt den Kopf zurück und schließt die Augen.]

7. Scene.

Vorige. Iwan [von rechts].

Iwan. [Er ist, wie im zweiten Act gekleidet, nur hat er den Hals frei und eine Art Blouse statt des Rockes.] Es ist unmöglich

— ich kann nicht ruhen, meine Augen brennen, und wenn ich sie schließe, fährt es wie Blitze durch mein Gehirn, daß ich erschreckt emporfahre, denn ich fürchte die Gestalten vor mir zu schauen, von denen Feodor Prokoff erzählte und was noch entsetzlicher — ich fürchte die zornige Stimme Maria's zu hören; Schmach und ewige Schande — [er läßt sich rechts auf einen Sitz nieder und seufzt schwer.] Oh! [verhüllt sein Gesicht mit den Händen.]

Maria [erwachend, fährt empor.] Was? [Iwan erblickend.] Iwan!

Iwan. Maria! Was — willst Du hier?

Maria [die sich zu fassen sucht.] Nichts, ich wollte nur in Deiner Nähe bleiben, falls Du Etwas benöthigst! [tritt zu ihm.]

Iwan [mit froher Empfindung.] O, Du gutes Weib — Du bist so besorgt, so zart — ich danke Dir, Maria —, daß Du mich doch nicht allein ließest.

Maria. Wie ist Dir?

Iwan. Mein Herzchen, ich fühle mich ganz wohl, — nur kann ich nicht schlafen. Komm, laß uns ein wenig plaudern, setz' Dich an meine Seite.

Maria [läßt sich neben ihm nieder.]

Iwan [athmet auf.] So! [faßt ihre Hände.] Diese glückliche Minute habe ich heute wahrlich nicht mehr erwartet. Der Zufall ist der gute Genius der Menschen, der sie zuweilen herausführt aus all dem Wirrsal, welches die so klugen Geschöpfe sich mit allem Aufwand von Scharfsinn und schlauer Berechnung geschaffen haben und nun darin zappeln, wie Fliegen in dem Ozean eines Glases Wasser. — Glücklicher Zufall. — Ich Thor, der sich einbildete, es ließe sich überhaupt irgend etwas in der Welt erzwingen — nicht einmal das Unglück, welches man verschuldet, ist unserem Willen anheimgegeben, denn der Mensch handelt willenlos, er ist nur eine Puppe in der Hand des Schicksals! Ja, möge er niemals stolz sein auf seine guten Thaten, damit er von der Wucht seiner schlechten Thaten nicht zermalmt werde.

Maria. Du glaubst also, der Mensch handle nur nach dem Willen des Schicksals?

Iwan [energisch.] Ja! der Wille des Schicksals entscheidet!

Maria. Und die Gefühle des Menschen? Sind auch die von ihm ganz unabhängig?

Iwan. Auch die; denn man kann groß und edelherzig fühlen, aber das Schicksal, das leidige Schicksal zwingt uns anders handeln zu müssen.

Maria. O, das tröstet mich, mein Freund; seit längerer Zeit mache ich mir die bittersten Vorwürfe, daß ich ganz anders fühle, als einstens, ganz anders, als ich sollte.

Iwan [beunruhigt.] Wie meinst Du? Erkläre Dich!

Maria. Nun sieh, als wir noch arm und hilflos waren, fühlte ich mich nur durch die Noth bedrückt, aber mein Herz schlug ruhig, leicht — und mein Sinn war fröh=lich, so, daß es nur des kleinsten Schimmers irgend einer Hoffnung auf Glück bedurfte, mich so heiter zu stimmen, als wäre diese Hoffnung schon erfüllt. — Wenn ich so den Tag über eifrig gearbeitet hatte, überkam mich eine Empfindung von Mattigkeit, aber sie lastete nicht bleischwer auf mir, wie jetzt, sie durchdrang mich so wahr, so süß, daß ich mich glücklich fühlte trotz Allem!

Iwan [nachdenklich.] Ja, ja, ich kenne das! —

Maria. Hatte ich ein paar Kopeken mehr erworben, als ich gehofft, o, welche Glückseligkeit ward mir da; — sah ich Dich ein paar Minuten früher, als ich erwartet, daß Du kommen werdest, wie hüpfte mein Herz vor Freuden — die ganze Welt lachte mir entgegen und — jetzt —

Iwan. Und jetzt?

Maria. Ich kann nicht sagen, was mich ganz ver=ändert hat. Es drückt mich ein Kummer, den ich nicht kenne, ich trage eine Bangigkeit in meinem Innern, deren Ursache mir verborgen bleibt, ich habe eine Unruhe, die ich oft nicht bemeistern kann.

Iwan. Und wenn Du mich kommen siehst — **wenn Du mich kommen siehst?**

Maria. Erfaßt mich Furcht — ja — ja — ich fürchte Deine finsteren Blicke, Deine Worte voll Bitterkeit, Deine Ausbrüche lodernden Zornes bei den geringfügigsten Anlässen — o — nicht doch — nicht doch — [bebt scheu zu=rück] blick' nicht mit so unheimlich leuchtenden Augen nach mir! — Iwan — lieber Iwan —

Iwan. Du liebst mich noch, Maria?

Maria [mit Trauer.] Ich liebe Dich, ja, ja, gewiß; — aber die Liebe beglückt mich nicht!

Iwan [mit unheimlicher Gemüthlichkeit.] Nun warte, mein Kind, — wir wollen die Sache genau untersuchen!

Maria [ängstlich.] Iwan, ich bitte Dich — zürne mir nicht — es ist mir unerklärlich, daß wir von all' dem sprechen.

Iwan. Nun sind wir bei all' dem angelangt, laß uns also weiter darüber reden.

Maria. Nicht doch, Du bist nicht wohl!

Iwan [mit lauerndem Tone.] Ich bin es, und wenn wir weiter plaudern, werde ich vielleicht gesünder, als ich es seit längerer Zeit war. Denke Dir einmal, ich wäre noch der arme Schreiber, wie einst, und Du die Arbeiterin vom Magazin der französischen Madame und wir hätten keine andere Freude auf Erden, als unsere Liebe.

Maria. Ach ja, dann wäre Alles besser!

Iwan. Deine Mutter nähte Kinderjäckchen und dächte nicht an Putz und kostbare Kleider, Dein Vater hätte nur den einen Gedanken, irgend eine bescheidene Stelle zu erlangen, und es käme ihm nicht in den Sinn, sich zu betrinken.

Maria. Ja, ja! Du siehst, Iwan, wir Alle sind nicht glücklicher geworden.

Iwan. Und warum nicht? — Mußte Deine Mutter eitel und putzsüchtig, Dein Vater ein Trunkenbold werden? Konnten Beide nicht, wie es doch dem Alter ziemt, mit weiser Mäßigung genießen, was sich ihnen darbot, und — was Dich selbst betrifft: beglückte Dich — die Liebe, als ich noch ein armer, hungriger, windiger Geselle war, mußtet Du nicht weit mehr beglückt sein, als Du sahst, daß ich aus dem Schmutze der Niedrigkeit emporstieg in eine Sphäre, in welcher der arme, fast verkommene Iwan von ehedem, geachtet, geehrt und umschmeichelt wurde, wie Jeder, der es versteht, statt mit den Fußspitzen mit den Stiefelabsätzen aufzutreten und ein Gesicht zu machen, als wollte er sagen: Na wartet, ich will Euch —!

Maria. Ja, ja, Iwan! — allein — [sie weiß nicht, was sie sagen soll.]

Iwan. Freilich bettelte ich nicht mit hündischer Demuth: ach bitte, bitte, ein bischen Platz, nur ein ganz klein Bischen! Nein, ich stürzte mich entschlossen mitten in das Gewühle, welches immer mehr sich staut, je höher man steigt und mit einem verblüffenden: Platz da! Platz da! sprengte ich die Menge auseinander, daß sie verschüchtert, wenn auch grollend zur Seite wich, und uns den Weg frei ließ.

Maria. Wär dies aber auch offen und ehrlich gehandelt?

Iwan. Ei, willst Du mit mir rechten, wie ich handelte? Genügt es Dir nicht, daß ich mit Klugheit die Verhältnisse, die nicht ich geschaffen, zu unserem Vortheile ausbeutete!

Maria. Ach, Deine Klugheit, Deine Klugheit! — Vielleicht ist gerade sie es, die Dich mir entfremdete, wie einst die Offenheit, die Wahrhaftigkeit Deines Wesens mich zu Dir hinzog!

Iwan. Was grübelst Du? Ich habe die Verhältnisse endlich begriffen und steh' nun einmal da, wo ich stehen will; das wie kümmert Dich nicht.

Maria. Ach, Iwan, das ist's ja eben, was mich beunruhigt; ich begreife nicht, wie wir so plötzlich vom Glück begünstigt wurden, was Du eigentlich gethan, so reichen Lohn zu ernten, und — [stockt.]

Iwan. Ah! nun weiß ich, was Dich quält! — die Furcht, meine Mitschuldige sein zu müssen!

Maria. Mitschuldige — Mitschuldige! Du hast ja nichts verbrochen!

Iwan [ironisch.] Was man bei uns Verbrechen nennt! nein! Ich war blos entschlossen, ein Opfer zu bringen, um uns glücklich zu machen; aber ich armer Teufel besaß zufällig nichts, was ich opfern konnte, als meine — Ehre!

Maria [angstvoll auf ihn schauend.] Was sagst Du?

Iwan. Daß ich meine Ehre opferte, um Ehren zu erringen. — Das ist seltsam, nicht wahr? Ich verkaufte mich Jenen, welche Dein tapferer Jugendfreund Feodor heute Verräther nannte und sie Alle ohne Ausnahme hängen lassen möchte!

Maria [entsetzt.] Herr im Himmel — Du Iwan — Du —?

Iwan [wild lachend.] Ja, ja, ich bin Einer von diesen, denen Du zuriefst: Schmach und ewige Schande diesen Elenden!

Maria. O mein Gott! [in Thränen ausbrechend] Nein, ach nein; es ist unmöglich.

Iwan. Unmöglich? Was wäre mir zu thun unmöglich gewesen? — Nichts mehr! — Ich nahm Theil an all' den Schändlichkeiten, welche in unserem Lande aus Gewinnsucht, Eigennutz und Ehrgeiz verübt und meistens belohnt werden, weil man die Kunst versteht, nach Oben hin Gewinnsucht als Förderungsmittel des allgemeinen Wohlstandes, Eigennutz als gesunden Egoismus, Ehrgeiz als — Vaterlandsliebe zu verklären! — Nun, beim Teufel, ich hab's auch verstanden. Ich sank immer tiefer und stieg immer höher! Komm mit! ich habe gewissenhaft Protokoll geführt — da drinnen [weist nach dem Schlafzimmer] da sollst Du sie lesen, die Geschichte all der Schurken, die im Golde sich baden, an glänzenden Tafeln bankettiren, — sollst sie erkennen diese Staatsbeutelschneider mit den strahlenden Ehrenzeichen auf der Brust, eines neben dem andern und mit dem verfaulten Herzen dahinter, Du wirst manche gute Freunde finden — ha, ha, — komm' nur — — komm! [will ihre Hand fassen.]

Maria [mit Grauen zurückweichend.] Laß' — laß' mich!

Iwan. Du willst mir nicht folgen, Du fürchtest meine Bekenntnisse, wie ich die Stimme des Gewissens! — da sprach es zu mir in langen — stillen Nächten, — da flüsterte und höhnte es mich: O du Hans Narr, der seine Ehre für trügerischen Tand hingab, wie der Wilde sein gutes, echtes Gold für werthlose Scherben von buntem Glas — was wirst Du noch erstreben, Du jammervoller Wicht! und ich knöpfte den Rock fest zu, über der Brust, um nichts mehr zu hören, dann aber heulte und tobte es in meinem Innern, wie entfesselter Sturm, und die Schläge meines Herzens dröhnten, daß es mir zu zerspringen drohte, oh!

Maria. Unglückseliger, Du hast Deine Ehre hingeopfert, uns zu beglücken, begreifst Du denn nicht, daß Du mich damit namenlos unglücklich machtest? Nun ist Alles zu Ende! O nimm, nimm, was wir besitzen, nimm mein Leben, um Deine Ehre wieder zu gewinnen, daß Du mir wieder rein in's Auge schauen kannst, nimm sie auf Dich, die Strafe Deines Frevels — ich bleibe bei Dir — ich verlasse Dich nicht — aber sühne diese schwere, furchtbare Schuld, die uns vernichtet — ich beschwöre Dich um Deiner selbst willen — um meinetwillen — Jwan —

Jwan. Vorbei, Liebchen, vorbei! Hier giebt's kein Zurück — vorwärts heißt die Losung! In dieser Welt schlägt Einer den Andern todt, warum soll ich mich selbst vernichten, so lange ich noch bei voller Kraft bin? Und wenn sie gebricht — habe ich nicht Dich? An Deinem Herzen will ich mir Muth holen — wenn das Gewissen gar zu vernehmlich an die Pforte schlägt, in Deiner Liebe werde ich —

Maria. Nein, Jwan, nimmermehr; hoffe das nicht. Ich will dulden an Deiner Seite, tragen, was da komme, wo das Geschick mich hinstellt, da will ich ausharren bis zum Ende, aber lieben kann ich Dich nicht mehr —

Jwan. Maria!

Maria. Dem redlichen Herzen allein schenkt sich die redliche Seele — Du aber hast Dich selbst aufgegeben.

Jwan. Hast Du vergessen, was Du geschworen? Willst Du Deine Eide zerbrechen, bist Du nicht mein Weib?

Maria (außer sich.) Das Weib eines Schurken! Oh! (bricht in einen Thränenstrom aus.)

Jwan (wild.) Ha! — dies Wort von Dir — Vermessene — (will auf sie zu und faßt sie bei beiden Händen.)

8. Scene.

Vorige. Feodor (von links).

Feodor. Was geht hier vor?

Maria (sich von Jwan losreißend und zu Feodor flüchtend, dem sie ohnmächtig in die Arme fällt.) Feodor — schütze mich!

Jwan (entsetzt auf Feodor starrend.) Du hier? Zu dieser Stunde? (zähneknirschend) Der Jugendfreund!

Feodor (mit Maria beschäftigt.) Um Gotteswillen, sie ist ohnmächtig! (bringt sie in einen Stuhl.)

Jwan (wüthend, lachend.) Ha, der Held des Ostens, der Christenbefreier stürmt heran, er will das arme Opfer den Klauen des Tigers entreißen, will sich zwischen Mann und Weib stellen, mich vor mir selber lächerlich, abgeschmackt, abgebraucht erscheinen lassen? Willst an meine Stelle treten, nich!?

Feodor. Halt, Herr —

Iwan (wüthend.) Du bist ein Bube!

Feodor (auflodernd.) Das fordert Blut!

Iwan (förmlich rasend.) Blut, ja Blut, das ist die Wundertinktur, mit der man die Ehre weiß wäscht, das Weihwasser, in welches man heutzutage die Palmen des Friedens taucht, der Gnadenquell, der alle Wunden heilt! Blut, Blut! Morgen erwarte ich Dich; jetzt aber geh', geh' sage ich; Maria bedarf Deiner nicht —, hier bin ich Herr! (ist zwischen Feodor und Maria getreten und weist Feodor gebieterisch fort.)

(Zwischenvorhang fällt rasch.)

Verwandlung.

Iwans Schlaf- und Ankleidezimmer. Im Hintergrunde neben einer Thür, welche auf eine nach dem Garten gelegene Veranda führt, ein Alkoven, — darinnen ein Eisenbett mit Hirschfellen und Bärendecke, darüber eine Ampel und ein Tischchen. Im Vordergrunde ein Schreibtisch, an der Wand Pistolen oder Revolver, rechts ein Kleiderschrank und ein Stehspiegel, links ein Fenster mit dunklen Damastgardinen. Links und rechts Seitenthüren, im Fond die Thür, welche zur Veranda führt.

1. Scene.

Iwan (allein).

Iwan (sitzt beim Scheine einer Schirmlampe am Schreibtische und schreibt. Nach kurzer Weile wirft er die Feder weg, legt eine Anzahl Papiere in ein Kästchen und spricht.) Ich bin zu Ende! Das Licht droht zu verlöschen — der Tag bricht herein! — Da liegen sie alle, wohlgeschichtet und geordnet — die vollkräftigen Beweise so vieler artiger, gegenseitiger Gefälligkeiten, Beweise kollegialer Nachsicht und Beschönigung — eine merkwürdige Sammlung, ein kostbarer Schatz! Hei! was für eine Razzia wird es geben, wenn sie alle aufgehoben werden, meine lieben, guten Freunde in ihren prächtigen Nestern, aufgescheucht aus den Armen ihrer Maitressen, vertrieben vom Spieltische — wie werden sie erbleichen — wie wird so

Manchem von ihnen namenloser Schreck in die podagristischen Beine fahren, wenn sie sich gegenüber so unwiderleglichen Beweisen finden! Verwünschungen werden fallen, Ohrfeigen werden umsonst zu haben sein, wie Schneeflocken, ein Wettersturz von Flüchen wird sich ergießen über die undankbare Welt, alle Heiligen werden angerufen zum Schirme der verfolgten Unschuld — umsonst! — die Gerechtigkeit kennt kein Erbarmen — kein Erbarmen! — Maria, Du hast Recht, nur dem redlichen Herzen schenkt sich die redliche Seele! Jwan, dem armen Schreiber, gehörtest Du an, — was will der einflußreiche Beamte, der Staatsrath Jwan Gorodin von Dir? — Ich habe mich selbst ausgewechselt. — Damals trug ich einen fadenscheinigen Rock und besaß Dich, geliebtestes Kind, jetzt ist das Gewissen fadenscheinig und durchlöchert und ich habe Dich verloren! Was könnte ich der Liebe auch bieten? Sie will gehegt und gepflegt sein, ich aber bin verarmt in mir selbst, und kann nichts mehr bieten, nichts als die S ü h n e! (er macht eine Pause schmerzlicher Ergriffenheit, dann schließt er das Kästchen und öffnet ein Fach, nimmt ein Ordenskreuz, betrachtet es und sagt dann voll Wehmuth.) O mein Kaiser, Du Edler, Guter, mit dem Vertrauen eines Kindes, sie haben Dir von meinen Verdiensten, meinen Tugenden gesprochen, und Du meintest Gerechtigkeit zu üben, wenn Du mich mit den Gaben Deiner Huld beglückst; o vergieb, vergieb es mir und denen, welche Dich täuschen, Dich betrügen! (aufflammend.) Nein! vergieb uns nicht, zermalme uns mit den wuchtigsten Keulenschlägen Deines Zornes, zertritt das giftige Gewürm, welches sich zu Deinen Füßen krümmt und schleudre es in die Abgründe der Hölle! (er sieht das Kreuz lange an, dann drückt er es an die Lippen, legt es weg und sagt.) Ah, es ist erstickend schwül in diesem Zimmer! (tritt zur Mittelthür und öffnet. Man sieht die Veranda und das Morgengrauen.) Ah — ah, die frische Luft stärkt! (kommt zurück und sinkt beim Schreibtisch an einen Stuhl.) (Kurze Pause.)

2. Scene.

Voriger. Feodor (in einem Mantel erscheint auf der Veranda und tritt in das Zimmer).

Feodor (der sich zuerst orientirt, tritt zu Jwan und sagt.) Jwan Gorodin!

Iwan [hört ihn nicht].

Feodor [tritt ganz nahe zu ihm und legt ihm die Hand auf die Schulter].

Iwan [erwacht aus seiner Apathie.] Wer —? [sieht Feodor vor sich.] Ah, Feodor, Du bist's — verzeih', ich hörte Dich nicht! [er rafft sich auf.]

Feodor. Herr Staatsrath! —

Iwan. Nein — nein —, nenne mich Iwan — nenne mich Du — wir wollen Freunde sein.

Feodor [verwundert.] Freunde? Wir?

Iwan. Du willst nicht mein Freund sein? [schwach lächelnd.] Ach ja — zu dem, was zwischen uns Beiden abgemacht werden soll, ziemt nur dem Hasse das Vermittleramt, dann aber, wenn geschehen ist, was nicht mehr abgewendet werden kann, dann, Feodor, handle an mir als ein Freund, als ein Bruder!

Feodor. Mein Herr, ich verstehe Sie nicht!

Iwan [blickt ihn liebevoll an und sagt dann, auf ein kleines Kreuzchen deutend, welches Feodor auf der Brust trägt.] Sieh, ein Kreuz auf Deiner Brust — wofür hat man Dir diese Auszeichnung gewährt? Du warst tapfer? nicht so, und darum —?

Feodor [einfach.] Nein, ich war menschlich mit einem verwundeten Feind, den die Kosaken hängen wollten, ich widersetzte mich und es kam fast zu Thätlichkeiten gegen mich selbst, aber ich rettete den armen Teufel und dafür wurde mir dieses Kreuz verliehen.

Iwan. Dank, mein Freund, Dank, Du giebst mir den Muth zu hoffen, daß eine Zeit für Rußland kommen wird, in welcher nur die Gutthaten ihren Lohn finden. — Jetzt hör' mich an — wenn ich todt bin —

Feodor [macht eine abwehrende Bewegung].

Iwan. Beruhige Dich, Du wirst mich tödten!

Feodor. Mein Herr, halten Sie mich für einen Mörder? Sie haben gestern Abend meine Ehre verletzt —

Iwan. Ja, ich beschimpfte Dich! Hast Du Waffen mitgebracht?

Feodor. Nein!

Iwan [holt zwei Pistolen oder Revolver von einem Tischchen und sagt.] Nimm! Du zögerst? Es sind beide geladen!

Feodor. Ich habe nicht daran gezweifelt, aber ich zögerte, weil —

Iwan. Nun?

Feodor (mit Abneigung.) Weil ich um Ihre Familie besorgt bin!

Iwan (trübe lächelnd.) Sei außer Sorgen! Ich habe an Alles gedacht! Was ich hinterlasse, setzt meinen Schwiegervater eben so wenig der Gefahr aus, verdursten zu müssen, als es meine Schwiegermutter hindern wird, ihrer Putzsucht zu fröhnen —

Feodor. Und — Maria?

Iwan. Wird Dein Weib!

Feodor (überrascht und verwirrt.) Oh — was sagt Ihr da?

Iwan. Die Wahrheit, und zugleich spreche ich aus, was ich sehnlich wünsche. Ja, Maria wird Dein Weib — Du liebst sie und sie darf nicht verlassen werden, sie hat es um mich verdient, daß Du sie glücklich machst!

Feodor (der sich nicht fassen kann.) Aber sprecht doch nicht, als ob Ihr sterben müßtet!

Iwan (ruhig.) Ich muß sterben, und ich werde sterben. Darum erlaube mir, meine Anordnungen zu treffen. Wenn ich todt bin, nimmst Du dieses versiegelte Schriftstück, welches dort auf dem Tische liegt und den Orden, den mir die Gnade des Czars verliehen, und übergiebst Beides in seine Hände, aber schwöre mir, daß Du kein Siegel verletzen wirst und daß kein Auge erspähen wird, was ich für den Kaiser bestimmt! Es ist ein köstliches Vermächtniß, kann viele Thränen trocknen, viel Unheil zum Guten wenden, viel Segen spenden — so Gott will, wird's geschehen und (mit einem tiefen Seufzer) nicht umsonst habe ich dann gesühnt, was ich verbrochen. — Schwöre mir zu thun, was ich erbitte, schwöre bei der Ehre meines Weibes!

Feodor (erschüttert.) Ich schwöre!

Iwan (froh.) Dank, mein Freund, mein Bruder; nun laß' uns zu unserem Werke schreiten (hält ihm die Pistolen hin, Feodor nimmt eine davon). Da Einer von uns Beiden stirbt, so brauchen wir keine Zeugen, welche constatiren, wie viel Unzen Blut die Ehre rein waschen. Welche Distanz wünschest Du?

Feodor. Wie's beliebt!

Iwan. Nun also — acht Schritte!

Feodor. Das ist —

Iwan. Stell' Dich hierher, ich dorthin — (tritt in den Hintergrund mit dem Gesichte gegen die Zuschauer.) Bist Du's zufrieden?

Feodor (entschlossen.) Ich bin es!

Iwan. Nun — Du hast den ersten Schuß.

Feodor. Nicht ich!

Iwan. Ich habe Dich beleidigt!

Feodor. Die Forderung kam von mir, es ist an Ihnen.

Iwan (wild.) Schieß, Feodor!

Feodor. Nein!

Iwan (bezwingt sich.) Nun also — steh fest, aber sieh' weg, Dein Blick fascinirt mich, ich kann nicht zielen.

Feodor. Was soll das?

Iwan. Ich will es!

Feodor. Ich aber will es nicht, Herr — (legt die Waffe auf einen Tisch, der in der Nähe ist.) Das ist kein ehrlicher Zweikampf!

Iwan. Gewiß nicht! (kehrt plötzlich die Waffe gegen seine eigene Brust und drückt los.)

Feodor (entsetzt.) Was war das?

Iwan (welcher wankt und langsam in die Knie sinkt.) Nichts, nichts weiter, als der letzte Betrug — Gott wollte — nicht —, daß ich, als ehrlicher Mensch — sterbe! (wird bewußtlos.)

Feodor (stützt ihn.) Mein Gott, mein Gott!

3. Scene.

Vorige. Maria (von links; ihr folgt) Nastenka und Korboff, (und später treten die Diener von rechts und vom Garten über die Veranda auf die Scene).

Maria. Heiliger Schutzengel, was geht hier vor? (sieht Feodor.) Feodor, Du hier? (bemerkt nun Iwan und schreit entsetzt.) Iwan! Iwan! (wirft sich zu ihm an den Boden.) Er ist todt! Feodor! Ihr habt Euch geschlagen — Du hast ihn getödtet! — Iwan! (sie faßt ihn so, daß Iwan mit dem Kopfe in ihrem Schooße liegt.)

Iwan (kommt zu sich und schlägt die Augen auf.) Maria, mein süßes Herz! beschuldige ihn nicht! Er sei Dein Schutz — verlaßt diese Stadt, zieh' mit ihm; ich — ich wollte sterben — und — habe mich — selbst — getödtet!

Maria (weinend.) O Iwan, was hast Du gethan?

Iwan. Glaube mir, es mußte so sein und es ist gut so! (rafft sich auf und sagt mit drohendem Ausdrucke.) Mögen sie Alle vernichtet werden, — die unser Vaterland zu Grunde richten — mögen sie vom Gewissen gefoltert — elend enden — und so wenig Vergebung hoffen — wie ich —

Maria. Iwan — sprich nicht so — Gott vergebe Dir!

Iwan. Und Du?

Maria (küßt ihn).

Iwan (selig aufathmend.) Oh! Wonnen des Himmels durchströmen mich — ich — danke — Dir — (stirbt.)

Maria (weinend sich über ihn beugend.) Iwan!

(Leise Musik. Die Diener sind in die Knie gesunken. Nastenka lehnt sich weinend an Korboff's Brust. Feodor blickt voll schmerzlicher Theilnahme auf Iwan und Maria.)

(Der Vorhang fällt langsam.)

Ende.